O Melhor Ano da Sua Vida Pode Começar Hoje

Debbie Ford

O Melhor Ano da Sua Vida Pode Começar Hoje

Tradução
Giorgio Cappelli

2ª edição

Editora Gente

Editora
Rosely M. Boschini

Assistente editorial
Rosângela Barbosa

Produção
Marcelo S. Almeida

Diagramação
Editora Gente

Copidesque
Gilberto Cabeggi

Capa
W-design

Preparação
Maria Alayde Carvalho

Revisão
Jô de Melo

Título original: *The best year of your life*

Publicado por contrato com HarperCollins Publishers, Inc.

Rua Pedro Soares de Almeida, 114

São Paulo, SP, CEP 05029-030

Tel: (11) 3670-2500

Site: http://www.editoragente.com.br

E-mail: gente@editoragente.com.br

Dados Internacionais de Catalogação na Publicação (CIP)
(Câmara Brasileira do Livro, SP, Brasil)

Ford, Debbie
O melhor ano da sua vida pode começar hoje. / Debbie Ford; tradução Giorgio Cappelli — São Paulo : Editora Gente, 2006.

Título original: The best year of your life : drean it, plan in, live it.

ISBN 85-7312-519-5

1. Autoconsciência 2. Mudanças de vida - Acontecimentos 3. Realização pessoal I. Título.

06-6157 **CDD-158.1**

Índice para catálogo sistemático:

1. Autodescoberta : Psicologia aplicada 158.1
2. Modificação pessoal : Psicologia aplicada 158.1

A meu filho, Beau Bressler, tão brilhante e generoso, cujo amor incondicional faz de cada ano o melhor de minha vida. Agradeço a Deus, todos os dias, pela bênção de ter você.

Sumário

INTRODUÇÃO

Como criar o melhor ano da sua vida

Todos os anos, no mundo inteiro, as pessoas participam do mesmo ritual de ano-novo: o "ritual das resoluções". Esse evento nada tem a ver com o fato de comemorar, dançar, beber nem estar com os entes queridos. Tampouco tem a ver com a reflexão sobre o passado nem com o agradecimento pelo que recebemos de bom na vida. Essa tradição de ano-novo se resume, simplesmente, às promessas que fazemos a nós mesmos de mudar ou realizar alguma coisa nova, diferente da dos anos anteriores. Prometemos melhorar as finanças, os relacionamentos, a aparência ou o trabalho e compartilhar com todos um desejo comum: fazer do ano que se inicia um período muito melhor.

E o que acontece em seguida? O que constatamos apenas alguns meses depois? Nada mudou! Tudo continua exatamente como estava.

Por que o empenho de mudar nossa vida para melhor desaparece tão depressa? Por que a maioria das pessoas não consegue atingir seus objetivos? Por que esquecemos nossas promessas de início de ano ou as abandonamos antes que termine o mês de fevereiro? Será que isso ocorre porque não queremos mais as coisas que achávamos tão importantes no primeiro dia de janeiro? Será que nossas metas e nossos objetivos mudaram radicalmente nesse curto espaço de tempo? Será porque jogamos a toalha e desistimos antes mesmo de começar a lutar ou será que nada dá certo simplesmente porque nunca pomos em prática os planos, a estrutura e os instrumentos necessários para a conquista do êxito?

O que aconteceria, porém, se neste ano fizéssemos tudo de modo diferente? E se você vivesse cada dia do próximo ano com o firme e inabalável propósito de fazer dele o melhor de sua vida – sem se importar com o que possa acontecer, com intervenções de forças incontroláveis nem com mudanças eventuais? E se descobrisse que, para você, é de fato possível moldar, criar e viver o melhor ano de sua vida? E se você percebesse hoje que essa escolha é exclusivamente sua, que tudo só depende de sua decisão e de suas atitudes?

A possibilidade de fazer deste o melhor ano de sua vida sempre existiu, em todos os momentos, pois essa realização não depende de fatores externos. Ela depende exclusivamente de você, do ato de expressar o que tem de melhor a oferecer. Viver o melhor ano de sua vida é o mesmo que se tornar a pessoa que sempre quis ser. É o mesmo que desenvolver o hábito de ver a si próprio sempre no auge do sucesso e de trabalhar as qualidades que levarão você até esse estágio.

Do mesmo modo que um artista revela a linda escultura que ele vê oculta em um bloco de mármore retirando as camadas excedentes da pedra, cada um de nós deve remover de si as "camadas" externas que nos envolvem e não permitem que vejamos – ou manifestemos – nossa verdadeira essência. Com a paixão de um escultor dedicado, cada um de nós deve comprometer-se a superar nossas limitações auto-impostas – isto é, descartar as maneiras com as quais ocultamos os próprios talentos e escondemos nossos desejos mais profundos – para então seguirmos, com determinação, no rumo do sucesso de nossos planos.

Para criarmos o melhor ano de nossa vida, devemos enfrentar nossos comportamentos de autodefesa e encontrar novas formas de reagir aos eventos do dia-a-dia, pois são eles que moldam nossa experiência. Devemos, primeiramente, assimilar e aceitar todas as crenças limitantes que colecionamos durante anos a fio para, depois, reunir a coragem de abandoná-las – jogando fora de vez tudo aquilo que esconde a verdadeira obra-prima existente em cada um de nós. Para vivermos nosso melhor ano, portanto, devemos explorar o processo de pensamento que moldou nossa capacidade de obter o sucesso ou de aceitar o fracasso. Aí está o segredo que nos permitirá sair da mediocridade e atingir nossa plenitude.

Quase sempre impomos a nós mesmos algumas limitações com relação ao que podemos ou não ter, ao que podemos ou não fazer e ao que podemos ou não ser. Nós nos conformamos com o fato de que todo ano será igual ou apenas um pouco melhor que o anterior em vez de nos permitir o entusiasmo por um futuro sem limites. Construímos barreiras em torno de nossas ambições, de nossas metas e de nossa imaginação e nos privamos do direito de nos expressar livremente para nos nivelar à maioria.

Como adultos, a grande maioria das pessoas silenciou sua criança interior abrindo mão das brincadeiras divertidas e reprimindo a imaginação incansável. Trocamos nossos ***skates*** e nossas horas de lazer por tarefas árduas e preocupantes, que consomem quase a totalidade de nosso tempo e de nossa atenção. O estado natural de curiosidade foi substituído por pensamentos moralistas, que limitam o que ouvimos, vemos e perguntamos. Nossa natureza aberta e apaixonada foi substituída por um coração sempre em guarda, defensivo. E, em vez de sentirmos o prazer de iniciar a tarefa de tornar nosso caminho maravilhoso, ficamos apenas divagando e ansiando pela vida que gostaríamos de ter.

Talvez você se tenha deixado levar, gradualmente, ao vício de uma espera passiva pelo dia em que a vida de seus sonhos se torne realidade. Quem sabe esteja aguardando esse dia chegar para, enfim, ter mais sucesso, dinheiro, amor ou felicidade. Assim como tantas outras pessoas, você provavelmente espera que alguma coisa aconteça amanhã e, como por milagre, o faça apreciar sua vida mais do que a aprecia hoje. Se é assim, eu lhe pergunto: “Esse amanhã já chegou alguma vez para você?”

É hora de eliminar a ilusão de que o melhor ano de sua vida existe em algum lugar do futuro. É hora de compreender que, na verdade, ele já existe, aqui e agora, e só depende de sua atitude para se concretizar. Tampouco se iluda nem perca um minuto mais pensando que o melhor ano de sua vida nascerá do nada – a não ser que você tenha muita sorte. Não acredite que não possui o necessário para transformar este ano em um período fantástico, seja o que for que esteja acontecendo em sua vida neste momento. Não espere pelo dia mais conveniente – quando seu orçamento sair do vermelho ou quando o homem ou a mulher de seus sonhos aparecer – porque ele não virá antes de você assumir a tarefa de criar uma vida que atenda a seus sonhos. Não se deixe enganar por fantasias do tipo: *"Um dia destes..."*, *"No ano que vem..."*, *"Quando eu tiver mais tempo..."* ou *"Quando eu tiver mais dinheiro..."* Não caia na armadilha de acreditar que o melhor ano de sua vida existe apenas em algum momento vago de um futuro incerto.

O melhor ano de sua vida já existe e pode começar agora. A escolha é sua, neste exato momento. Pare e pense: a vida está à sua disposição mesmo que você tenha ficado sozinho, doente, gordo, pobre, deprimido ou preso a algum vício. Uma vida melhor é seu direito – e você pode assumir esse direito agora, neste instante –, mesmo que não tenha estudo, mesmo que tenha feito coisas erradas no passado, mesmo que carregue alguma falha de personalidade, mesmo que tenha sido abandonado pela pessoa amada ou sofrido maus-tratos na infância, mesmo que não conte com o apoio daqueles que ama e, finalmente, mesmo que tudo em volta lhe pareça escapar de seu controle.

Seu melhor ano nada tem a ver com o fato de conseguir tudo o que julga necessário para ser feliz. Não se trata de terminar aquele projeto importante, encontrar o amor de sua vida nem de emagrecer dez quilos com a nova dieta. Não se trata de livrar-se de suas dívidas nem de arranjar um emprego melhor. Para falar a verdade, é talvez possível que no próximo ano você perca uma pessoa querida, fique desempregado durante muito tempo, enfrente um processo de divórcio ou encontre obstáculos difíceis em sua carreira profissional. Isso ocorre na vida de qualquer um.

O que, no entanto, espero mostrar-lhe é que o melhor ano de sua vida não exige que todos os dias sejam um paraíso cor-de-rosa nem que tudo dê sempre certo para você. O melhor ano de sua vida requer, porém, que você desenvolva todos os aspectos de sua personalidade que anseiam por expressão. O melhor ano de sua vida tem a ver com a inspiração que encontra em seu íntimo, com o amor que sente por si próprio e com o entusiasmo pelas oportunidades que você cria em seu redor. Trata-se de fazer as pazes com o passado para dar origem a um futuro diferente de tudo o que já experimentou. Trata-se ainda do ato de viver a realidade de cada dia, apaixonado e empolgado pela vida, incentivando outras pessoas a fazer o mesmo.

É possível fazer deste o melhor ano de sua vida – não importa o que aconteça ao redor. Depende só de você. Basta que, a partir de agora, escolha suas atitudes e seus comportamentos. Você decide como vai agir em resposta aos problemas com os quais terá de lidar, se vai abrir mão do direito de ter tudo o que deseja, aceitando a ilusão cômoda que vem da repetição cega do passado, ou se vai trilhar um novo caminho.

Embora à primeira vista esse processo possa parecer assustador, é, na verdade, muito mais simples do que se imagina. Representa a entrega de seus desejos aos cuidados de sua essência mais verdadeira. Trata-se do processo de abrir mão de suas histórias, desculpas e limitações auto-impostas e viver de modo pleno, sem máscara. O melhor ano de sua vida o convida a renunciar a suas crenças antiquadas sobre o que é ou não capaz de ser ou fazer, substituindo-as pela convicção de que seu trabalho será sua maior expressão. E, aos poucos, você perceberá que sua melhor contribuição ao mundo será a manifestação nele de seu potencial mais alto.

Faça Deste o Melhor Ano da Sua Vida é um chamado à ação. É um guia que ensinará você, passo a passo, a tornar este ano tão especial que será impossível esperar até o amanhecer para pular da cama e começar o dia. Este livro vai incentivá-lo, educar seus hábitos e apoiá-lo para que você atinja um nível de satisfação pessoal que talvez nem imagine ser possível e vai fazer com que, no final de um ano repleto de realizações, você "queira mais", pronto para o próximo ano, que será ainda melhor.

Faça Deste o Melhor Ano da Sua Vida é seu guia pessoal para aproveitar ao máximo a arte de viver – independentemente do que ocorra em sua volta. A função deste livro é dar-lhe respaldo para, em primeiro lugar, determinar o que significa para você "o melhor ano de sua vida" – como ele será e parecerá – e, depois, ajudá-lo a transformar esse sonho em realidade. Uma vez que esteja bem claro em sua mente o que significa uma vida melhor no próximo ano, este livro pretende mostrar-lhe como elaborar um plano poderoso que garantirá seu sucesso e reunirá todas as habilidades necessárias para atingir os sonhos pelos quais aguardou durante tanto tempo.

Começaremos com o capítulo que fala de sonhos. O primeiro passo consiste em descobrir quais são nossos desejos mais profundos, utilizando-os para desvendar a pessoa que sempre quisemos ser. O objetivo é demonstrar o sentido de vivermos segundo um propósito claro e objetivo e ficarmos abertos às possibilidades de criar o melhor ano de nossa vida e vivenciá-lo de modo a superar as maiores expectativas.

Em seguida, vamos criar um futuro baseado na realidade – e não na fantasia – e reclamar o direito de dar a nós mesmos tudo aquilo por que sempre batalhamos: sucesso, prestígio, reconhecimento, amor ou felicidade. É imprescindível também tomar consciência de que a realização surpreendente e revolucionária pela qual ansiamos não depende do mundo exterior – pode ser gerada dentro de nós mesmos, dando-nos acesso imediato a tudo aquilo que desejamos. Por último, devemos nos imaginar no topo de nossa potencialidade para manifestar a capacidade de impulsionar nossa vida, há tanto tempo reprimida porque não acreditávamos em nós mesmos.

No capítulo que fala de planejamento, mostraremos que é fundamental iniciar nossos planos do zero, preparando o solo fértil onde será plantado e cultivado um futuro novo e estimulante. Para isso, devemos dividir nossos sonhos em metas realistas para que possamos alcançá-las e elaborar um roteiro detalhado que, seguido passo a passo, garantirá nossa chegada ao tão almejado destino.

E por fim, no capítulo que fala de viver nosso melhor ano, a palavra de ordem é reunir a coragem necessária para criar e aproveitar todos os dias do ano que se inicia agora e fazer que sejam – um após outro – os melhores de nossa vida. Aprenderemos a técnica especial de capturar os ***momentos que não têm preço,*** aqueles que dão sentido a nossa vida e nos aquecem na alegria daquilo que já temos.

Aprenderemos o processo estimulante de viver dentro de nossa integridade pessoal, garantia de um caminho ininterrupto de sucesso no ano que está para começar. A integridade pessoal nos incentiva a fazer escolhas coerentes com a pessoa que queremos ser e atua como nossa bússola interna – nosso guia, em outras palavras –, garantindo nossa fidelidade a nós mesmos e a chegada ao limiar de nossos desejos mais profundos. Vamos compreender que o melhor ano de nossa vida é sempre construído sobre uma base de bons sentimentos a respeito de nós mesmos, do que fazemos e da forma como o fazemos. Essa compreensão será um incentivo para viver cada dia de modo a sentir orgulho do que fazemos e confiança em nós mesmos.

Agora, neste exato momento, você tem uma oportunidade. Pode fazer deste ano, deste dia ou deste momento um divisor de águas e declarar que este será o melhor ano de sua vida ou pode continuar seguindo pela velha estrada, já percorrida tantas outras vezes, que o levará ao mesmo destino insatisfatório de antes. Este livro apresenta um processo simples, comprovado, que mudará sua vida e permitirá que você crie, a partir de hoje, o melhor ano de sua existência. Se você se empenhar na aplicação desse processo, vai assegurar que seu melhor ano será, desta vez, muito mais que um sonho – será seu destino.

Você pode optar pelo início desta jornada no primeiro dia de janeiro, no dia de seu aniversário ou em qualquer domingo de outubro ou novembro. Mas saiba que, hoje, você já dispõe do poder de começar – neste instante – seu melhor ano. Entenda: você possui esse poder. O melhor ano de sua vida é um direito seu – pelo simples fato de ter nascido –, e você tem o poder de torná-lo realidade. Se está cansado da mediocridade, se não se sente capaz de tolerar nem mais um único ano igual a todos os outros – tedioso e cheio de sonhos frustrados –, eu o convido a assumir o compromisso de enfrentar a si mesmo e criar *o melhor ano da sua vida*.

Sonhe

Trate sua imaginação e seus sonhos com carinho, como se fossem os filhos de sua alma – os projetos de suas realizações definitivas.

— NAPOLEON HILL

UM

Como criar um propósito poderoso

Imagine que você acorda toda manhã tomado por um entusiasmo e uma paixão que não sente há anos. Imagine que atravessa cada um de seus dias tirando o máximo proveito de cada momento, sempre mais determinado e realizado.

É exatamente isso que você vai experimentar ao assumir o compromisso de fazer deste o melhor ano de sua vida. Pode esperar por esse milagre – viver ao máximo cada dia, semana e mês do ano – se a cada momento você estiver concentrado na aplicação de todos os seus dons, talentos e inteligência na busca de seus sonhos.

Como em todas as realizações significativas, essa jornada revolucionária também precisa começar com um passo essencial: ***você deve criar o propósito consciente de que este será o melhor ano de sua vida***.

Um propósito é um compromisso que assumimos conosco mesmos para obter um resultado específico. É a força propulsora que alimenta – e a bússola oculta que guia – nossos comportamentos diários. Um propósito consciente atua como um princípio organizador e nos leva a tomar decisões que abrirão novas portas. Esse propósito assegura que nós somos, de fato, os capitães de nosso navio, além de nos proporcionar o poder de escolher nosso destino.

O propósito antecede a manifestação. Com um propósito sólido e consciente, podemos traçar nosso caminho pela vida com clareza e objetividade, além de escolher a realidade específica que desejamos criar.

O propósito está para os seres humanos assim como o programa está para um computador. Uma vez instalado em nossa psique, ele permite acesso a novas capacidades, e isso abre caminho para outras realidades. Passamos, de repente, a enxergar a vida através de um novo ponto de vista. Ao optar, com convicção, pela introdução em sua consciência do propósito de ***ter o melhor ano de sua vida,*** você verá tudo de forma inédita. Terá acesso imediato às mudanças em vez de apenas falar nelas. Ao gravar em sua mente o propósito de ter o melhor ano de sua vida, você vai trazer à tona, graças a essa escolha, uma existência repleta de amor, alegria, sucesso e realização.

Veja agora um belo exemplo que ilustra o poder do propósito:

Júlia é uma mulher talentosa e dinâmica que trabalhou em minha empresa de treinamento durante mais de dois anos. Gostava de seu trabalho e era muito boa no que fazia. Uma pessoa feliz e saudável que tinha amigos incríveis. De acordo com os padrões da maioria, Júlia levava uma vida e tanto.

Assim, um ano e meio atrás, ofereci a ela a liderança de minha equipe de treinamento do projeto "O Melhor Ano de Sua Vida". Durante o treinamento, Júlia, com os demais participantes, criou o propósito de viver o melhor ano de sua vida.

Considerando a perspectiva de que o ano seguinte seria o melhor de sua vida, Júlia percebeu que deveria fazer algumas mudanças imediatas. Sua primeira atitude foi uma surpresa para todos nós: decidiu abandonar o emprego e seguir uma nova carreira na qual faria exatamente aquilo que adorava: treinar as pessoas e jogar golfe. Ela compreendeu também que, se pretendia viver o melhor ano de sua vida, deveria mudar-se para um lugar que a inspirasse e lhe desse mais energia.

Em apenas uma hora de análise de seu melhor ano, Júlia descobriu que teria de efetuar algumas mudanças importantes em duas áreas essenciais de sua vida. Esse novo propósito permitiu que enxergasse coisas que antes não via.

Tomada de grande entusiasmo, ela explicou: "Sinto-me como se até agora tivesse vivido dentro de uma caixa e alguém tirasse a tampa e dissesse: 'Veja, existe um mundo enorme lá fora e há milhares de outras escolhas que você nunca levou em conta!'"

Seis meses depois, quase todos os aspectos da vida de Júlia haviam mudado radicalmente. Seu propósito de viver de imediato o melhor ano de sua vida deu-lhe motivação para mudar-se para uma cidadezinha pitoresca do litoral, que ela adora, e dedicar-se a sua paixão pelo golfe. Fundou a Championship Inner Golf e hoje é presidente da empresa, onde faz uso de suas aptidões na área de treinamento para incentivar as pessoas a alcançar seu potencial pleno e a usufruir uma vida por inteiro.

Júlia trabalha, todos os dias, nos mais belos campos de golfe do país, pois sua profissão lhe permite percorrer todo o sul da Califórnia, e ela adora o que faz. Toda essa metamorfose foi a conseqüência da introdução de um propósito em seus planos: o de criar o melhor ano de sua vida. *Lembrando as mudanças que ocorreram de forma tão rápida e fácil, ela sente um misto de perplexidade e de enorme gratidão.*

Eis aí o inexplicável poder de viver com um propósito consciente.

Esse primeiro passo – criar o propósito consciente de viver o melhor ano de sua vida – é tão poderoso que, se você der apenas esse único passo e não fizer mais nada, mesmo assim vai desencadear o poder de mudar sua existência. O propósito de viver seu melhor ano criará uma energia dinâmica que o levará aos resultados desejados. Esse propósito tem o poder de mudar seu modo de encarar os desafios: vai transformar o solo abandonado e pobre de energia, que hoje talvez represente sua vida, em uma terra fértil e rica na qual você poderá plantar as sementes de seus desejos e vê-los desabrochar em realidades.

Para criar o melhor ano de nossa vida, é fundamental compreender que nos deixamos conduzir por um propósito consciente, criado no dia-a-dia, ou por um propósito inconsciente, originado no passado. Em outras palavras, sempre existe um propósito em ação "por trás das câmeras" – tenhamos consciência disso ou não.

Caso você seja como a maioria das pessoas, talvez não tenha consciência do propósito que atualmente orienta suas escolhas, suas ações e seus comportamentos. Esse propósito inconsciente pode ser, por exemplo, superar problemas, provar a seus pais que você é bom, proteger-se do sofrimento ou não importunar ninguém no trabalho. Você pode ter milhões de propósitos inconscientes, mas não se engane: existe um propósito oculto que conduz sua vida neste mesmo instante.

O propósito que o dirige agora foi provavelmente criado nos primórdios de sua vida, antes que você começasse a tomar decisões conscientes. Se continuar permitindo que ele dirija sua vida, acredite: este ano será uma nova repetição dos anos anteriores.

Mas há uma boa notícia: para criar um novo propósito consciente, não importa o fato de conhecermos ou não nosso propósito atual. Tudo o que precisamos é tomar consciência de que, se não vivemos da maneira que desejamos, se não fazemos as melhores opções possíveis, se continuamente cometemos os mesmos erros, é bem provável que o propósito que nos conduz esteja velho, desatualizado e não sirva mais para nós.

Para garantir o sucesso, é necessário criar conscientemente nosso novo propósito e, em seguida, entrar em contato com ele todos os dias. É preciso demonstrar senso de compromisso e perseverança para fixá-lo na mente e deixá-lo conduzir cada um de nossos movimentos.

Estudos mostram que são necessários 28 dias para modificar permanentemente um comportamento ou um velho hábito. Acredito que isso valha também para a introdução de uma nova crença na mente consciente. Não se pode simplesmente dizer: "Estou comprometido com a criação do melhor ano de minha vida" e esperar que isso se materialize. Você precisa fazer um esforço consciente para permitir que esse compromisso se torne parte de seu sistema interior de crenças.

Pense nas inúmeras vezes em que sua mãe e seu pai lhe pediam para escovar os dentes antes de você adquirir o hábito de fazer isso automaticamente. Precisamos ter o mesmo cuidado no início desse processo. Todas as vezes, por exemplo, em que você escovar os dentes, reafirme, de modo consciente, seu compromisso consigo mesmo de fazer deste o melhor ano de sua vida.

Esse novo propósito não se fixará em sua mente tão depressa quanto você gostaria. E, caso seja um pouco parecido comigo, talvez ache que não é justo ter tanto trabalho para conseguir uma vida melhor.

Fiquei indignada durante muitos anos depois de perceber que a dádiva de uma vida extraordinária não seria gratuita para mim. Por algum motivo eu acreditava merecer essa vida maravilhosa e me enfurecia só de pensar na necessidade de fazer algum esforço para criá-la. Assim, em vez de simplesmente reconhecer que a vida era diferente do que havia imaginado, eu me retraía e me deixava ficar no papel de vítima por muito mais tempo do que gosto de admitir.

O propósito inconsciente que me conduziu durante quase toda a minha vida foi a criação do maior drama possível para que as pessoas prestassem atenção em mim. Esse propósito não apenas já perdera todo o efeito como também não me levava aonde eu queria chegar. Um dia, porém, depois de ter sido derrotada diversas vezes pelas circunstâncias que eu mesma criara, descobri que ninguém viria ao meu encontro para salvar-me. Teria, eu própria, de encontrar uma forma de mudar tudo.

Era mais do que óbvio: toda a minha existência fora organizada em torno de minhas derrotas e de meus infortúnios. Cheguei mesmo a selecionar meus amigos pela habilidade que demonstravam de sentir compaixão por minha dor. Mas consegui parar nesse momento crítico e me dei conta de ter uma escolha importante a fazer com relação a minha vida: poderia permanecer furiosa diante da maneira como o universo e a experiência humana haviam sido planejados – e seguir a trilha que me levava a lugar nenhum – ou criar, de modo consciente, a melhor vida disponível para mim. Sou feliz por dizer que preferi lutar pela melhor opção.

Meu propósito consciente de criar o melhor ano de minha vida e ir além do que julgava ser meu limite influencia cada movimento que faço até hoje. Ele me motiva, arranca-me da insignificância de meu drama humano e me conduz a escolhas dirigidas para meu aperfeiçoamento. Meu propósito me incentiva a procurar sempre a melhor forma de aprimorar minha vida e a vida das outras pessoas. Em vez de me rebelar e chorar, considerando-me a pessoa mais infeliz do universo, eu relembro diariamente meu propósito consciente e deixo que *ele* seja meu guia.

Essa determinação me incomoda? Não atualmente, pois meu propósito me auxiliou muito mais do que consigo lembrar. Ele me deu uma vida melhor do que eu imaginava ser possível. E sei que, se trabalhar para garantir que o propósito de criar seu melhor ano fique enraizado em sua consciência, os resultados mais brilhantes também surgirão para você.

Seu propósito ficará ainda mais poderoso quando você o declarar abertamente ao mundo. No momento em que seu comprometimento se tornar verdadeiro, todos ao redor saberão disso. Certa vez ouvi Dianne Collins, criadora de um programa americano de auto-ajuda chamado "QuantumThink", dizer o seguinte: "Seu propósito deve transbordar de sua essência. Deve emanar de cada célula de seu ser para que você atraia as pessoas e as circunstâncias que possam dar respaldo à manifestação de seus desejos".

Em palavras mais simples: um propósito forte determina seus comportamentos, suas ações, suas escolhas e até as palavras que você usa. Ele se torna o referencial particular de sua relação com o mundo e da busca de seus objetivos.

Para ter o melhor ano de sua vida, tudo o que você precisa fazer é comprometer-se com sua verdade – neste instante – e com a criação e a vivência de seu melhor ano. Torne esse o propósito de sua vida. Em seguida, em cada um dos próximos 365 dias, acorde, lembre-se de seu propósito e comprometa-se novamente a criar para você um ano muito melhor do que jamais imaginou. Eu lhe garanto: você tem o poder de fazer isso.

Você quer mesmo viver o melhor ano de sua vida? Então

Faça isto:

1. Crie o propósito firme e consciente de fazer deste o melhor ano de sua vida.

2. Comprometa-se consigo mesmo – neste instante – a criar e a viver seu melhor ano.

3. Relembre e reforce seu propósito todos os dias para fixá-lo em sua mente.

4. Reserve pelo menos três minutos, no começo e no fim de cada dia, para fechar os olhos e fazer a seguinte afirmação: ***"Este é o melhor ano de minha vida"***.

5. Mantenha seu propósito vivo na mente fixando lembretes visuais – como notas e símbolos – em pontos estratégicos de sua casa e de seu ambiente de trabalho.

6. Acorde, em cada um dos próximos 365 dias, lembre-se de seu propósito e volte a comprometer-se com a criação de um ano muito melhor do que poderia imaginar.

7. Fale sempre de seu propósito com as pessoas que mais o consideram e que são importantes para você.

DOIS

Livrando-se das fantasias

É importante compreender que temos o poder e a capacidade de atingir plenamente o melhor ano de nossa vida. É também fundamental saber que a visualização constante do sucesso e da realização de nossos sonhos não nos permite a ilusão de que eles estejam distantes de nós. Precisamos da convicção de que a possibilidade de construir o melhor ano de nossa vida é real – e não apenas uma fantasia – e está ao alcance de nossas mãos. Viver no mundo da fantasia – apenas com a esperança e o desejo – é uma divagação que nos atrapalha e nos tira do caminho da ação que poderia levar-nos, de fato, a uma vida melhor.

Quase todos nós fomos treinados para o empenho ininterrupto até conseguir o que queremos, até que se cumpra determinada etapa de nossa vida. Mas logo emendamos outra etapa e mais outra, sem pausa para descanso. No entanto, se nos privarmos sempre da felicidade e adiarmos os momentos felizes, convencidos de que a alegria existe apenas no futuro tão desejado, ficaremos presos em um ciclo infindável de espera.

Se nos deixarmos ficar à espera "do dia em que seremos felizes" – quando então experimentaremos o prazer, a alegria, a paixão ou o sucesso –, nós nos iludiremos de tal forma que enfraqueceremos nosso espírito e perderemos a capacidade de desfrutar cada bom momento da vida.

Não há nada de errado no fato de pensar no futuro nem de estabelecer um objetivo. Na verdade, acredito que esse comportamento é imperativo se quisermos atingir nosso potencial pleno. Mas a fantasia da eterna e vã esperança mantém nossa vida aprisionada – justamente esta, a única vida que você e eu temos agora!

Fantasias existem de todas as cores e sabores e, em geral, vêm disfarçadas com a aparência de objetivos. Podem soar mais ou menos assim:

"Quando eu finalmente tiver..."

"Assim que eu terminar..."

"Quando meu marido afinal..."

"Quando meus filhos já tiverem idade para cuidar de si mesmos, eu poderei..."

"Assim que este período terminar, vou fazer um regime, entrar em forma, cuidar de mim mesmo."

"No ano que vem, eu vou... Só *então* poderei ter o melhor ano de minha vida."

Esse modo de pensar nos deixa ressentidos, conformados e eternamente insatisfeitos. Essa vida de fantasia é, muitas vezes, chamada de *pensamento mágico* – porque seria mesmo magia se alguém que vive no mundo dos sonhos, sem agir para realizá-los, atingisse de fato suas metas.

Precisamos entender que a felicidade, a satisfação e a paz não são condições estagnadas. Elas vêm e vão, mas estão sempre ao nosso alcance. Assim, se esperarmos por um resultado específico para ser felizes, estaremos desperdiçando nosso direito de viver, hoje mesmo, a vida que desejamos.

É bastante comum o recurso de usarmos as fantasias para desviar nossa atenção do que acontece de fato no mundo real. Elas evitam a necessidade de agir e fazer as mudanças necessárias para melhorar nossa vida. Nas palavras de um autor desconhecido, fingimos que nossa coluna vertebral é um osso de galinha, isto é, alimentamos a ilusão de que somos frágeis demais para encarar a realidade. As fantasias são cheias de truques. A maioria das pessoas nem percebe que as tem, muito menos que está vivendo em razão delas.

Ano após ano, somos iludidos por nossas fantasias, ficamos paralisados, incapazes de fazer as mudanças que desejamos. Se insistirmos em viver assim, muito provavelmente acabaremos como parte de uma dessas histórias com enredo do tipo "poderia ter sido", "deveria ter sido" ou "se tivesse sido".

Para viver o melhor ano de nossa vida, precisamos tomar consciência das fantasias que nos mantêm apenas à espera, desejando que as coisas mudem. Só assim desbloquearemos o poder de transformar nossa existência em um caminho maravilhoso.

Peço, portanto, que você examine bem seu coração e descubra o que o impede de ser feliz. Que fantasia o faz adiar sua alegria e sua realização pessoal para um tempo distante, no futuro? Algumas das afirmações a seguir lhe parecem familiares?

Ficarei feliz quando:

Acumular certa quantia de dinheiro.
Comprar uma casa.
Minha vida ficar equilibrada.
Encontrar minha alma gêmea.
Concluir meus estudos.
Assumir o controle de minha vida.
Atingir meu peso ideal.
Tiver o reconhecimento merecido.
Mandar meus filhos para a faculdade.
Tiver um filho.
Arranjar um novo emprego.
Tiver mais tempo para praticar esportes.
For promovido.
Fizer sexo com mais freqüência.
Encontrar meu verdadeiro amor.
Tiver certeza do sucesso de meu cônjuge.
Comprar roupas novas e fabulosas.
Quitar minhas dívidas.

Se algumas dessas frases lhe parecem familiares, é provável que você esteja preso a fantasias que o mantêm afastado da alegria e do sucesso que merece.

Quando damos um passo além de nossas fantasias e nos propomos a encarar a realidade durante todo o tempo, recuperamos o poder que antes lançamos no futuro e recebemos o dom de enxergar tudo com um novo olhar. Somente vivendo a realidade adquirimos o poder de agir, de fazer mudanças duradouras e de assumir o comando de nossa vida. Certa vez, o falecido filósofo Earl Nightingale, palestrante e escritor, disse: *"As pessoas bem-sucedidas são visionários que descobriram um sonho tão estimulante e tão importante que precisam tirá-lo do reino da fantasia. Dia após dia, hora após hora, empenham-se arduamente no afã de servir seus sonhos até conseguir vê-los com os próprios olhos e tocá-los com as próprias mãos".*

Apenas quando nos envolvemos com a realidade nos tornamos capazes de tomar atitudes coerentes que nos conduzam a uma vida inspiradora. Quando nos libertarmos das ilusões e das fantasias, seremos, de fato, responsáveis por nosso destino.

Para ir além de suas fantasias e ***criar*** realmente a vida de seus sonhos, você deve ter a mais plena convicção do que deseja e procura e também da forma como imagina que se sentirá quando finalmente atingir seu objetivo.

É muito fácil acreditar que algum acontecimento externo nos trará a alegria que procuramos. Mas como seria se pensássemos em termos de uma verdade ainda maior? E se você descobrisse – ou apenas se lembrasse, pois já sabe disso – que tudo o que procura não é um objetivo nem um resultado específico, e sim um ***sentimento*** especial? E se percebesse que na verdade não deseja situações exteriores – uma nova carreira, um corpo bem modelado, uma família adorável –, e sim os sentimentos que imagina experimentar quando obtiver tais "vantagens"?

Talvez você pense que ficará feliz quando, enfim, encontrar o parceiro ideal de sua vida, mas eu o desafio a explorar mais profundamente seus desejos. O que espera quando conhecer essa pessoa? Vai sentir-se amado, bem tratado, bem cuidado? Vai sentir-se seguro, confiante, valorizado, completo? Permita-me dizer-lhe uma coisa: ***o que na verdade procura são esses sentimentos*** – e acha que a outra pessoa os trará a você.

Se é fama que deseja, quero dizer que não é a fama em si que você busca, e sim o sentimento que pensa que a fama lhe dará. Se perguntar a si mesmo "como me sentirei quando me tornar muito, muito famoso?", descobrirá o que realmente quer encontrar. Quem sabe um sentimento de valorização ou poder, uma sensação de importância ou de ser uma pessoa especial?

O que procuramos, na realidade, são sentimentos – e acreditamos que eles se encontram na realização de nossas fantasias, sejam elas quais forem: comprar uma casa, escrever um livro ou ganhar na loteria.

A verdade, no entanto, é que, na maioria das vezes, nossas realizações não nos dão a felicidade que esperávamos ou, se isso acontece, trata-se de uma felicidade fugaz. Minha experiência pessoal com relação a isso foi surpreendente: passei semanas em depressão numa época em que deveria desfrutar a vida magnífica que eu própria criara. Poucos meses depois que meu primeiro livro, ***The Dark Side of the Light Chasers*** [O Lado Sombrio dos que Buscam a Luz], atingiu o topo da lista dos mais vendidos do jornal *The New York Times*, eu me vi triste e confusa. Não sabia o que estava acontecendo comigo, já que tudo corria muito bem. Comecei a examinar minha vida e tudo o que ocorrera durante os meses anteriores, e eis o que descobri:

Durante dois anos, viajei mais de 80 mil quilômetros divulgando meu livro, fazendo entrevistas para emissoras de rádio e TV, dando palestras em exposições e livrarias, liderando seminários e ajudando milhares de indivíduos. Acreditava que Deus me dera um legado para que eu pudesse ajudar aqueles que quisessem ou precisassem. Apesar de o trabalho ter sido bastante recompensador e de ter a certeza de que fazia a coisa certa, eu me esgotava todos os dias na tentativa de tornar meu trabalho conhecido em todo o mundo. Minha fantasia, obviamente, era a de que um dia isso aconteceria e eu poderia então diminuir o ritmo, descansar um pouco e passar mais tempo com meu filho e com minha família. Bem, meu sonho se tornou realidade, mas lá estava eu, mais cansada que nunca, e também arrasada porque a fantasia de que o sucesso facilitaria minha vida fora ilusória.

A verdade é que, a partir de então, mais pessoas procuravam por mim. Essas pessoas traziam dúvidas, pedidos e necessidades, e eu precisava fixar-me com firmeza no momento presente para conseguir lidar com tudo aquilo.

Por fim, percebi o que buscara durante tantos anos: ***o sentimento de que eu era importante e minha vida fazia diferença.*** Se soubesse antes desse meu verdadeiro desejo, poderia ter parado todas as noites para fazer uma avaliação de minhas realizações diárias. Poderia ter dedicado mais tempo ao prazer de apreciar os agradecimentos que sempre recebia. Poderia ter lido mais as cartas que as pessoas me enviavam, compartilhando comigo as mudanças que haviam realizado graças à leitura de meu livro. Poderia ter feito uma oração a cada nova tomada de decisão perguntando a Deus se minha vida estava de acordo com Seus propósitos. Poderia ainda, de modo mais simples, ter telefonado para minha irmã, Arielle, para minha mãe, meu irmão, minha tia Pearl ou qualquer outro parente ou amigo e perguntado se eu era importante para eles.

Todas essas atitudes poderiam ajudar-me a perceber se eu era importante e se minha vida valia a pena. No entanto, viajei o mundo buscando aquilo que só eu poderia dar a mim mesma. E, na verdade, isso era exatamente tudo o que, por fim, eu tinha a fazer.

Conto essa história porque conheço muita gente que pensa que apenas se tivesse mais sucesso, mais dinheiro, mais fama ou mais ***qualquer coisa*** encontraria a felicidade. Isso não é apenas falso. É uma fantasia, uma ilusão que quer nos prender numa armadilha. Se cairmos nela, teremos de abrir mão de todo o prazer do momento em troca de uma promessa vazia perdida no futuro.

Não se deixe enganar. Não morda a isca. Eu fiz isso, e posso dizer que machuca muito. Essa minha atitude me privou do prazer do que poderia ter sido uma das melhores épocas de minha vida.

Mas há um lado bom nisso: dissecando suas fantasias, tornando-as claras e bem conhecidas, você toma um atalho nesse processo todo e recupera o poder de se presentear com prazer e paz ilimitados. Basta analisar suas fantasias e identificar os sentimentos que você pensa que vai experimentar após sua realização. Em seguida, pergunte-se: "O que posso fazer, neste exato momento, para proporcionar esses sentimentos a mim mesmo?" Quando descobrir, seja generoso o bastante para dar a você próprio o que deseja.

A fantasia nos deixa cegos em relação à atitude correta que devemos ter e impede que vejamos o que podemos fazer para melhorar efetiva e imediatamente nossa vida. Quando vivemos no mundo da imaginação, não conseguimos enxergar o que de fato é possível para nós. Somente quando não permitirmos que a fantasia seja nossa única opção e firmarmos os dois pés na realidade, poderemos ver e perseguir novas formas de melhorar nossa vida – formas antes ocultas pela ilusão de que "um dia tudo dará certo".

Lizbeth é um grande exemplo disso.

Apesar de trabalhar em período integral como personal trainer, *Lizbeth tinha fantasias sobre o dia em que caminharia por um tapete vermelho e seria tratada como estrela do rock. A realidade, curiosa e ao mesmo tempo triste, é que ela nem sabia cantar! Ainda assim, estava convicta de que a fama faria dela uma pessoa adorada e admirada.*

Tão logo percebeu o preço dessa fantasia – que, de fato, a privava de uma vida feliz –, Lizbeth decidiu parar de trabalhar tanto para conquistar a admiração dos outros e passou a empregar seu tempo admirando e adorando a si própria todos os dias. Em vez de perder tempo pensando em ser alguém que não era, Lizbeth começou a procurar novas formas de expressar seus talentos de personal trainer. *Com o propósito de viver imediatamente o melhor ano de sua vida, disse aos amigos e colegas de trabalho que estava em busca de oportunidades melhores em sua área.*

Alguns meses depois de ter assumido o compromisso de desistir de sua vida de fantasias e criar uma existência baseada na realidade, Lizbeth foi chamada para desenvolver e estrelar um vídeo sobre ginástica.

Graças a esse vídeo, sem que esperasse, ela conquistou a atenção e a adoração que tanto procurara. Sua carreira decolou, e Lizbeth ficou perplexa com o próprio sucesso. Ao superar sua fantasia de estrela do rock, desencadeou o poder de que precisava para criar uma vida extraordinária no exercício da profissão em que podia brilhar.

Existem, neste exato momento, diversas atitudes que podemos tomar para conseguir o que temos buscado no mundo exterior. Basta para isso apenas identificar nossas fantasias – e admitir intimamente que esperamos algum acontecimento no mundo exterior para, só assim, ficar felizes e satisfeitos com a vida.

Poderemos nos perguntar então: "Que sentimento eu teria caso acontecesse o que espero?" Tão logo descobrirmos qual é esse sentimento que perseguimos, poderemos começar o processo revolucionário de ***proporcionar a nós mesmos o que realmente queremos.*** Quando nos comprometemos a tomar conta de nossas necessidades e a alimentar nosso coração com os sentimentos desejados, o verdadeiro milagre acontece ***e descobrimos que tudo aquilo que procurávamos está ao nosso alcance.*** Não se trata de alguma coisa que existe em uma terra fantástica e distante, e sim de uma realidade à qual teremos pleno acesso se decidirmos trabalhar e ser responsáveis por nossas carências.

Todos já ouvimos isto: a felicidade vem de dentro. É verdade. Ao livrar-se de suas fantasias, você abandonará, de uma vez por todas, o mito de que a alegria, a satisfação e a felicidade estão em toda parte, menos em você.

Você quer mesmo viver o melhor ano de sua vida? Então

Faça isto:

1. Descreva detalhadamente sua "vida de fantasia", o que espera e deseja ter "algum dia".

2. Concentre-se em sua fantasia e responda, por escrito, à seguinte pergunta: "Como acredito que me sentirei quando atingir meu objetivo?"

3. Com base nessa resposta, você descobrirá os sentimentos que, de fato, procura.

4. Em seguida, identifique o que você pode fazer diariamente para gerar, em seu interior, esses sentimentos que persegue. Reflita sobre esta questão: "O que posso fazer, neste exato instante, para conseguir tais sentimentos?"

5. Assuma o compromisso de tornar-se inteiramente responsável pela criação dos sentimentos que deseja – e seja bastante generoso consigo mesmo.

TRÊS

Caminhando para a grandeza

Para sentir a emoção de sua mais alta expressão, modificar sua vida neste exato momento e criar um ano muito melhor do que poderia imaginar, você terá de elaborar uma visão do futuro e se comprometer com ela. Isso vai obrigá-lo a trazer à tona suas maiores e melhores qualidades. Ao conectar-se profundamente a uma visão nítida, sólida e estimulante, seu foco se concentra no "eu" mais elevado e você experimenta um grau de satisfação e gratificação excepcional.

A visão clara e coerente de sua identidade verdadeira, no grau máximo, detém o poder de levá-lo além da realidade atual, contornando os problemas cotidianos que tendem a prendê-lo na situação em que se encontra. Essa imagem estimulante de sua mente atuará como uma força para arrancá-lo do torpor e da rotina, além de incentivá-lo a fazer escolhas extraordinárias que lhe trarão resultados inimagináveis.

Imaginação e paixão são dois lados da mesma moeda. Uma não existe sem a outra. Quando estamos firmemente enraizados numa visão coerente do futuro, não só nos enchemos de paixão como também ganhamos energia para buscar o que queremos da vida.

Imagine a si mesmo daqui a exatamente um ano: você se sente no auge, sabe que está avançando, que vai atingir seus objetivos há tanto esperados e se tornará a pessoa que sempre quis ser. O que haveria de mais belo? O caminho percorrido para viver o melhor ano de sua vida o obrigará então a olhar para trás, para seu passado, e a recordar a visão que você elaborou para verificar os resultados já conquistados desde aquele momento. A partir daí, aproveite para renovar e reforçar seu compromisso de transformar-se na pessoa melhor que você poderia ser.

Mesmo quando nossa vida é excelente, existem ainda certos aspectos que desejamos melhorar para obter mais sucesso e progredir. Muitas vezes, porém, estamos ocupados demais para cuidar desses aspectos e, assim, acabamos por deixá-los de lado. Para que este ano se destaque dos demais, no entanto, devemos buscar com afinco os aspectos de nossa vida que, para nós, estão aquém do esperado e assumir o compromisso de cumprir as etapas necessárias à realização plena de nosso potencial. Agora é sempre a melhor hora de começar a agir.

Entre o final da adolescência e os 20 e poucos anos, eu vivia divagando, queria ser alguém que não era. Mesmo naquele tempo, quando obtinha algum êxito ou recebia elogios por minhas realizações, eu desejava mais: uma versão "nova e melhorada" de Debbie Ford. Ansiava por fama, reconhecimento e poder mesmo que não fizesse absolutamente nada para merecê-los. Queria destacar-me da multidão, embora me comportasse como qualquer outra pessoa. Ansiava tornar-me alguém especial, alguém a ser lembrado por sua contribuição ao mundo, embora estivesse mergulhada em minhas preocupações pessoais.

Esse desejo de me tornar alguém que eu não era transformou-se tanto em bênção quanto em maldição. A bênção foi a de nunca me conformar nem aceitar minha mediocridade. A maldição era o fato de que eu agia de modo terrivelmente mau comigo mesma, pois sempre me repreendia por não ser uma pessoa melhor.

Certo dia, porém, ouvi minha mãe dizer a Vicky – uma amiga que sempre se metia em confusões – que poderia ser o que desejasse. Apesar de minha mãe muitas vezes ter dito, em alto e bom som, a mesma coisa para mim, até então eu não havia entendido que também possuía esse potencial. Mas, naquele dia quente de verão, na cozinha de nossa casa, alguma coisa dentro de mim despertou: "Se Vicky podia ser tudo o que desejasse, o mesmo deveria valer também para mim". Descobri subitamente que meus sonhos, que emergiam de minha realidade diária de tempos em tempos, poderiam de fato realizar-se. Aquele dia marcou o início de minha tarefa de construção da pessoa que eu sempre quis ser.

Minha jornada foi árdua e longa, mas também estimulante – e serviu para que eu amadurecesse. Compreendi, aos poucos, uma coisa que me empolga e me inspira ao mesmo tempo: ***todos nós temos a capacidade de descobrir e incentivar cada uma de nossas facetas para nos tornarmos a pessoa que desejamos ser.*** Fiquei fascinada com as palavras do escritor e filósofo Charles DuBois: ***"O mais importante é sermos capazes, em qualquer momento, de sacrificar o que somos pelo que poderíamos ser".***

Depois de literalmente passar meses em profunda reflexão, eu afinal entendi: Charles DuBois, na realidade, dizia a mesmíssima coisa que minha mãe sempre repetira.

Mais uma vez tomei consciência de que cada um de nós tem a opção de ficar preso à "pessoa" que criou como se fosse sua verdadeira personalidade ou de abandoná-la e deixar emergir uma nova expressão de si mesmo.

A partir desse dia, fiquei perplexa ao perceber a capacidade dos seres humanos de realizar esse tipo de transformação. Não precisamos demonstrar as mesmas características de personalidade durante a vida toda. Somos livres para nos tornar expressões maiores de nós mesmos. Hoje posso dizer com sinceridade: sei, sem sombra de dúvida, que os seres humanos têm a capacidade de efetuar mudanças radicais e duradouras.

Após uma década de trabalho de treinamento de indivíduos e de liderança de grupos, descobri que, se eu me negar propositadamente a acreditar na percepção que uma pessoa tem de si mesma – de quem ela julga ser e até onde acha que vai sua capacidade –, poderei desviar minha atenção do papel que ela representa em público e passar a enxergá-la em sua mais alta expressão. Com um pouco de empenho, poderei ver a magnitude e o potencial dela sem levar em conta sua aparência nem sua condição emocional, espiritual ou financeira. Conseguirei entender, através de suas atitudes, a essência, os medos e a insegurança. Poderei ver quem é independentemente da bagagem que ela carrega consigo.

Há um fato inegável nessa constatação: sob a base de tudo o que procuramos aparentar em público, já somos aquilo que desejamos ser. Só precisamos enxergar além de nossas limitações para voltar a ser capazes de manifestar nossa essência.

Talvez agora você diga que gosta da pessoa que é – e não quer essa versão "nova e aprimorada" de si próprio. Mas, como sabemos, todas as criaturas vivas precisam desenvolver-se. O desejo de crescer e evoluir faz parte de nossa natureza. Sua alma deseja libertar-se das limitações que você mesmo se impôs. E esse processo de ver além de seus limites possibilita a superação diária.

Agora eu lhe pergunto: você não acha que vale a pena empenhar-se nesse esforço e, daqui a um ano, vendo quem realmente é, o que conquistou e como se sente, dizer: "Adoro tudo o que conquistei e a maneira como me sinto hoje"? Essa é a possibilidade que você cria quando se compromete a evoluir até alcançar sua mais alta expressão. ***E você tem o poder de fazer isso.*** Trata-se de uma escolha pessoal que vai alterar radicalmente sua percepção de si próprio, das outras pessoas e do mundo.

Para viver o melhor ano de sua vida, você deve ficar aberto a realidades mais amplas e manter o desejo de desenvolver novos aspectos de sua personalidade. Se continuar apegado a seu "eu" atual, perderá a oportunidade extraordinária de conhecer uma nova e estimulante versão de si mesmo.

Você pode descobrir o tipo de pessoa que se tornará perguntando: "Como quero ser lembrado nesta vida? O que desejo que as pessoas pensem a meu respeito quando não estiver mais aqui? O que espero que se escreva sobre mim quando eu morrer?" Verifique, então, se você já age e pensa de modo a fazer que essas qualidades lhe sejam atribuídas.

Baseado nessas conclusões, você descobrirá que ações precisa executar ao longo do ano para tomar o rumo que deseja seguir. Pergunte a si mesmo: "Que tipo de pessoa poderia executar facilmente o que preciso fazer? Que qualidades ela possui?" Assim que você obtiver essas respostas, conseguirá ver com clareza as características de sua personalidade que anseiam emergir.

Pense em um aspecto específico de sua vida que deseja melhorar, em alguma coisa nova que gostaria de criar e pergunte a si mesmo: "Que qualidades necessito desenvolver para realizar esse sonho?"

Caso seu desejo mais profundo seja uma vida equilibrada, que lhe permita ter tempo para a família, que lhe traga alegria, trabalho e diversão, é preciso fazer as seguintes perguntas: "Que tipo de pessoa poderia criar uma vida como essa com facilidade? Uma pessoa tranqüila e disciplinada? Alguém que tenha prioridades nítidas e objetivos coerentes?"

Se em sua visão você se imagina com ótima saúde, pergunte: "Que tipo de pessoa seria facilmente tão saudável?" Talvez descubra que poderia ser alguém que faz suas escolhas com sabedoria. Se mergulhar mais profundamente em seu íntimo e perguntar "que tipo de pessoa faz suas escolhas com sabedoria?", quem sabe você ouvirá: "Alguém que valoriza a vida e respeita o próprio corpo". Você também vai descobrir que um indivíduo equilibrado e comprometido consigo mesmo poderá facilmente conquistar essas metas. Cada um de nós tem respostas diferentes a essas perguntas.

Ao identificar as qualidades necessárias para que sua visão se realize de forma duradoura, você também descobrirá um roteiro "personalizado" que indica a direção correta a seguir para conquistar o melhor ano de sua vida. Esse roteiro funciona mais ou menos assim:

Anos atrás, Cliff, um de meus treinadores, queria tornar-se um ótimo coordenador de grupos. Perguntou a si mesmo que tipo de pessoa poderia fazer isso facilmente. Veio-lhe a seguinte resposta: "Alguém que seja espontâneo quando se comunica e tenha confiança em si mesmo". ***Espontaneidade*** *e* ***confiança*** *eram as qualidades que precisava desenvolver para atingir sua meta. Perguntei a ele como deveria agir para desenvolver essas duas características. Para sua surpresa, o pensamento que lhe veio de imediato à mente foi o de que deveria tomar aulas de improvisação. Essa foi a primeira vez que teve tal idéia. Cliff notou que, se fizesse essas aulas, desenvolveria tanto a espontaneidade quanto a confiança. Matriculou-se em um curso semanal de uma faculdade próxima. Em pouquíssimo tempo, essas qualidades, latentes dentro dele, tornaram-se acessíveis, dando-lhe as aptidões necessárias para realizar seu sonho. Em menos de um ano, Cliff experimentou uma faceta de sua personalidade que nunca pensou existir. Como suspeitava, os aspectos "espontaneidade" e "confiança" lhe permitiram tornar-se tudo o que queria ser.*

Outro exemplo: *depois de anos de briga com dívidas e gastos excessivos, Danielle, minha amiga de dez anos, queria fazer as pazes com suas finanças. Quando lhe per-*

guntei que espécie de pessoa ela acreditava ser capaz de administrar corretamente seu orçamento, respondeu: "Uma pessoa responsável e zelosa". ***Responsabilidade*** *e* ***zelo*** *eram as características desejáveis para ela, que, desenvolvendo-as, com certeza realizaria seu sonho. Procurou então saber que atitudes ou hábitos a ajudariam a tornar-se uma pessoa responsável e zelosa com seus assuntos financeiros. Na mesma hora, várias idéias lhe ocorreram. Ela procurou uma pessoa com quem pudesse aprender – uma mulher que conseguia lidar com receitas e despesas de modo correto – e ambas passaram a conversar todas as semanas. Danielle quitou todas as dívidas contraídas pelo uso inadequado dos cartões de crédito e elaborou um plano de ação para recuperar seu nome na praça. Contratou um contador para garantir que todas as contas seriam pagas dentro do prazo e passou a depositar na poupança uma porcentagem de seu salário para certificar-se de que economizaria dinheiro. Hoje Danielle afirma com segurança que aprendeu a gerir suas finanças com responsabilidade e zelo. Nesse aspecto, ela se transformou na pessoa que sempre quis ser, e o prazer de realizar seu sonho continua a guiá-la em novas atitudes para a criação do melhor ano de sua vida.*

A realização do sonho de viver o melhor ano de sua vida e de tornar-se a pessoa que sempre desejou ser não é mais difícil do que afirmei até aqui. Você precisa apenas trazer à tona alguns aspectos de sua personalidade que ainda desconhece. Isso se faz, primeiramente, com a identificação da pessoa que você deveria ser – das qualidades que gostaria de demonstrar – para realizar seu sonho e incentivar suas ações. Em seguida, basta tomar as atitudes que lhe darão respaldo no desenvolvimento de tais qualidades.

Imagine que cada uma das características que você deseja manifestar seja uma faceta de sua personalidade que está faminta e precisa ser alimentada e tratada para desenvolver-se bem. Se você nutrir essas facetas com cuidado e fizer a escolha consciente de expressá-las, elas sem dúvida desabrocharão. Faça de conta, por exemplo, que deseja saber se é uma pessoa competente. Todas as vezes que tiver êxito em tarefas nas quais geralmente não se dá bem – e reconhecer isso –, você vai fortalecer seu aspecto de competência e avançar cada vez mais na direção de seu objetivo. Se der atenção a essa qualidade oculta com freqüência, logo passará a demonstrar competência em cada um dos aspectos de sua vida.

Por outro lado, sempre que optar por alguma atividade que o faça sentir-se incompetente, a parte eficiente de sua personalidade vai "passar fome" e você caminhará na direção oposta – distanciando-se de seu objetivo.

Assim, para que o processo se desenvolva corretamente, vale lembrar que você precisa manter na consciência, durante o tempo todo, a qualidade que deseja trabalhar, caso contrário ela poderá cair no esquecimento.

À medida que suas ações diárias alimentarem as qualidades que deseja manifestar e reforçar, você descobrirá que está sendo guiado naturalmente na direção necessária. Se quiser desenvolver a responsabilidade, por exemplo, sempre que fizer uma escolha responsável ou sempre que parar e questionar seus atos irresponsáveis, você estará optando pelo caminho certo.

Outra forma de descobrir as qualidades que o conduzirão ao melhor ano de sua vida é a identificação dos aspectos de sua personalidade que o atrapalharam na conquista de suas metas ou que o privaram da sensação de estar bem consigo mesmo. Quaisquer que tenham sido as características que influenciaram você no passado – medo, preguiça, adiamento, autopiedade, insegurança ou ganância –, a opção consciente de desenvolver o extremo oposto delas será de grande auxílio para fazer deste um ano excelente. Se você acredita que a ***insegurança*** representa um obstáculo em seu caminho, escolha a ***confiança*** como qualidade a ser alimentada e estimulada diariamente. Se a *raiva* interfere em seus relacionamentos, descubra o que é o ***oposto da raiva*** para você e invista nessa atitude. Pode ser compaixão, gentileza ou empatia, por exemplo.

Assuma o compromisso de tomar ao menos uma vez por dia a atitude de incentivar as qualidades que deseja desenvolver e, dentro de algumas semanas, você se descobrirá fazendo escolhas diferentes e criando uma vida coerente com a pessoa que deseja ser, e não mais se identificará com seus comportamentos do passado.

Esse processo, muito estimulante, permite que você assuma as rédeas de sua vida, tornando-a muito melhor. Assim, nunca mais olhará para alguém que admira e dirá: "Queria ter essa força, essa coragem, esse carisma". Você, pelo contrário, poderá optar pelo desenvolvimento dessas qualidades.

É muito importante entender que as qualidades que tanto desejamos ou admiramos nos outros existem também em nós. Pense numa nuvem que cobre a luz solar. Mesmo que por alguns momentos não possamos ver essa luz radiante nem sentir seu calor, nós sabemos que ela está lá. Se esperarmos tempo suficiente, a nuvem se afastará e poderemos ver o sol outra vez. O mesmo vale para todas as qualidades que deseja manifestar. Elas existem dentro de você, em geral ocultas por uma nuvem de negações, encobertas por algum comportamento inadequado ou escondidas por certas crenças errôneas. Se você assumir o compromisso de desenterrar seus tesouros ocultos e tomar posse deles, acontecerá o que o grande poeta Rumi escreveu certa vez: ***"Você se tornará seu próprio ídolo".*** Alcançará facilmente, assim, tudo aquilo que anseia.

Seu desejo de aprimorar-se neste ano deve motivar, entusiasmar e incentivar você a fazer as coisas da melhor maneira possível. A função do sonho é reavivar o brilho de seus olhos e a paixão por suas experiências cotidianas. Pare alguns instantes para refletir, para criar uma visão de si próprio que o empolgue, estimule e inspire a declarar, a todo momento, que ***este será o melhor ano de sua vida.***

O que é preciso acontecer nos próximos doze meses para que você chegue ao fim desse período convicto de que sua vida é extraordinária e de que deseja que todos os outros anos sejam iguais? Em que tipo de pessoa você deve transformar-se para criar essa realidade? Que tipo de atitude precisa ter para conquistar seu sonho?

Você quer mesmo viver o melhor ano de sua vida? Então

Faça isto:

1. Reflita sobre o que, segundo seu ponto de vista, faria deste ano o melhor de sua vida.
2. Pergunte-se: "Que tipo de pessoa poderia transformar minha visão em realidade sem grandes esforços?"
3. Identifique duas qualidades que você precisa cultivar para manifestar facilmente o sonho do melhor ano de sua vida.
4. Procure saber que atitudes ou práticas diárias lhe permitirão desenvolver as duas qualidades que identificou.
5. Tenha sempre em mente o que pode fazer, a cada momento, para permitir que essas qualidades brilhem com força total em sua vida e faça isso com compromisso e entusiasmo.
6. Use a planilha "Sua estrutura de sucesso" (na próxima página) para auxiliá-lo na tarefa de fazer deste o melhor ano de sua vida.

Sua estrutura de sucesso

PERGUNTE A SI MESMO	ANOTE AQUI SUA RESPOSTA
O que você poderia criar nos próximos doze meses para, honestamente, considerar este o melhor ano de sua vida?	
Que metas específicas você deve traçar para descobrir o rumo certo da realização do melhor ano de sua vida?	
Em que prazo você pretende atingir essas metas?	
Que recursos você já tem para ajudá-lo a atingir suas metas?	
Que recursos você deve desenvolver para atingir essas metas?	
Que tipo de assistência, suporte e estrutura você deve acionar para certificar-se de que continua no rumo certo?	
Qual será o prazo necessário para atingir suas metas? Como você vai encaixá-lo em sua agenda?	
Existe alguma coisa de que deverá abrir mão ou remanejar em seus compromissos para ter tempo de buscar suas metas?	
A quem você pedirá para lembrá-lo da responsabilidade de cumprir seu compromisso?	
Quais serão as conseqüências do não-cumprimento do plano de fazer deste o melhor ano de sua vida?	
Que recompensa dará a si mesmo pelo fato de seguir corretamente seu plano e cumprir suas metas? (Seja generoso e pense em uma recompensa divertida.)	

Planeje

Realizações espetaculares sempre são precedidas de uma preparação esmerada.

— ROGER STAUBACH

QUATRO

Fique em paz com o passado

Toda grande realização começa com um plano. Antes de estabelecer a tarefa de planejar o melhor ano de sua vida, entretanto, você deve reservar algum tempo para examinar seus anos anteriores, analisando todos os obstáculos que atravessaram seu caminho. Pense nesse processo como uma preparação – que o tornará capaz de ficar em paz com o passado e, conseqüentemente, de libertar-se dele.

Todos sabemos que, sem fertilizar o solo antes de semear um jardim, praticamente nada germinará ali. Se você não puser abaixo a casa velha nem se livrar dos escombros, será impossível lançar os alicerces da construção de uma casa nova. Todos nós já ouvimos esta frase milhares de vezes: "É preciso desfazer-se do velho para dar espaço ao novo".

Depois de tantos anos de experiência com o treinamento de pessoas para ensiná-las a criar uma vida de sucesso, há apenas uma única coisa que posso afirmar com toda a certeza: se não gosta de sua vida, se os padrões do passado continuam a se manifestar no presente, se você se desvia constantemente das ações que o fariam progredir, dê uma olhada bem de perto em sua vida passada: encontrará uma pilha de assuntos inacabados ou mal resolvidos.

Não existe nada mais importante que a superação dos fatos do passado, pois isso nos capacita a concluir todas as tarefas atuais de relevo. Uma pessoa que se dispõe a voltar ao passado e resolver as pendências que deixou para trás será capaz de mudar facilmente o rumo de sua vida e seguir na direção que desejar.

Esse processo de encerramento das pendências é a passagem que nos leva do passado ao futuro. Ele nos ajuda a criar as bases sólidas e firmes sobre as quais poderemos construir um futuro estimulante.

Para encerrar tais assuntos, devemos eliminar os casos mal resolvidos relativos a todo e qualquer incidente e a toda e qualquer pessoa com quem estivemos envolvidos. Não podemos criar uma vida nova e extraordinária sobre os escombros de um passado abarrotado de projetos inacabados, de relacionamentos fracassados, de acordos não cumpridos e de questões interrompidas.

Se tentarmos seguir adiante sem antes ficar quites com nosso passado, correremos o risco de continuar criando essas mesmas situações a que estamos habituados e, conseqüentemente, de obter os mesmos resultados insatisfatórios de sempre, o que pode nos levar ao conformismo –, e isso não nos interessa se quisermos fazer deste o melhor ano de nossa vida.

A maioria das pessoas nem percebe a resignação extrema que fica sedimentada bem abaixo da superfície da consciência. A voz do conformismo é um pouco diferente de pessoa para pessoa, mas o tom costuma ser mais ou menos o seguinte: “Por que me preocupar? Esse fato nunca vai acontecer”, “Não tenho nada do que é preciso para fazer isso”, “Dá muito trabalho, e não tenho tempo”, “Não consigo lidar com isso” ou “Não mereço isso”.

Quando falhamos onde esperávamos ter êxito, quando nossa rotina de vida não se assemelha aos nossos sonhos e quando nossas metas não se realizam, nossa esperança de uma vida maravilhosa começa a morrer, nossos sentimentos enfraquecem e, pouco a pouco, nós nos conformamos com a expectativa de um futuro muito aquém do que merecemos.

Já que normalmente não temos noção de que isso acontece ou não sabemos como lidar com essa situação, ficamos ansiosos e passamos horas intermináveis pensando numa maneira de acobertar nossa resignação e preencher o vazio que fica dentro de nós.

Em vez de nos reconciliar com o passado, desenvolvemos vícios, criamos dramas e atraímos incidentes inquietantes só para desviar nossa atenção e evitar a dor de não ter conseguido expressar nosso potencial.

O conformismo se manifesta de várias formas: cinismo, sarcasmo ou às vezes desespero. Podemos percebê-lo como depressão, tristeza, solidão ou sensação de vazio. Se não cuidarmos devidamente dele, o conformismo continuará a esconder as questões reais a que devemos dar atenção, impedindo a realização dos melhores sonhos de nossa vida.

Para sair do conformismo e abrir caminho para um futuro melhor, devemos, primeiramente, fazer uma rápida incursão no passado, levados pela vontade de esclarecer os pequenos truques que usamos para enganar ou decepcionar a nós mesmos e aos outros. Devemos tentar perceber como sabotamos nossos esforços de seguir adiante, admitindo que, em nenhum momento, fomos objetivos, estivemos concentrados nem tivemos disciplina. Precisamos descobrir os traumas e as seqüelas emocionais do passado que ainda carregamos conosco e abandoná-los de uma vez por todas.

Muitas vezes tentamos esquecer os erros, os arrependimentos e os infortúnios sem resolvê-los. No entanto, a superação do passado é uma etapa vital que não pode ser negligenciada se desejarmos, de fato, deixá-lo para trás, onde é o lugar dele. Precisamos entender que, se tivermos a intenção de arrastá-lo conosco todos os dias, deveremos então chamá-lo de presente, e não de passado. Quase todos nós temos consciência disso, mas, por algum motivo, nos sentimos tão ligados aos fatos ocorridos na época que se torna difícil abandonar parte de nossa história de vida. Talvez seja assim porque ansiamos por alguma solução – uma reparação, um pedido de desculpas, um resultado diferente. Por isso, em vez de superarmos os ressentimentos e seguirmos adiante, optamos por manter nossos rancores e continuamos a acreditar que alguém está em débito conosco.

Se uma pessoa importante para nós no passado nos desse o que desejamos, isso sem dúvida seria fantástico. O problema dessa abordagem, logicamente, é o fato de que, se dependermos de outra pessoa para superar o passado, haverá boas chances de que isso jamais ocorra. Não podemos contar com mais ninguém para fazer as coisas que *nós* devemos fazer. Temos de reivindicá-las, exigi-las e dar a nós mesmos esse presente. Se quisermos ser plenamente responsáveis por nossa vida, devemos descobrir uma forma pessoal de superar nossos traumas e seguir adiante. A conclusão das pendências nos ajuda a curar as feridas do passado e nos ensina a perdoar a nós mesmos.

A superação do passado é sinônimo de libertação. É fácil notar essa relação, basta observar as crianças muito novas, que ainda não tiveram nenhuma experiência traumática. Elas são a manifestação sorridente, espontânea e feliz do ser humano original. Podemos perceber que, embora se zanguem, abandonam a raiva com muita facilidade depois de expressá-la. As crianças conseguem, sem esforço, esquecer o que aconteceu ontem e viver o dia de hoje livres de transtornos. Na maior parte do tempo, nem sequer se recordam do que as perturbou algumas horas antes, pois não acumulam maus sentimentos. A irritação e a superação da raiva representam uma parte natural de sua vida.

Se você, porém, observar crianças que tiveram alguma experiência traumática, verá o passado refletido em sua expressão. Seus olhos perderam parte do brilho natural tão freqüente em crianças saudáveis e revelam certa opressão. Se você magoar algumas dessas crianças, verá que elas não se recuperam com a mesma rapidez das outras, que nunca passaram por nenhum trauma. E, se não encontrarem um meio de superar os incidentes que as marcaram, provavelmente levarão consigo essa dor. A mesma reação é válida para todos nós.

O apego ao passado pode ser comparado a uma coleção de jornais de cinco, dez, vinte ou trinta anos atrás.

Em sã consciência, você apreciaria a rotina de reler e recriar cada história desagradável ali impressa ou gostaria de carregá-la no bolso todos os dias? Levaria esses jornais com você de um local a outro, de um emprego a outro ou de um relacionamento a outro? Carregaria essa papelada inteira durante as férias ou quando participa de eventos especiais com seus amigos?

Ainda que a maioria das pessoas não tenha consciência de que carrega, todos os dias, as perturbações, os ressentimentos e os arrependimentos acumulados pelo tempo, a atitude de negligenciar as feridas do passado e deixá-las abertas faz com que nossa energia vital seja roubada e nossos recursos drenados. Essa constatação é tão certeira quanto o desgaste que teríamos ao carregar aquela pilha de jornais velhos.

Para avançarmos na direção do melhor ano de nossa vida, é indispensável reconhecermos o que carregamos de nosso passado e desenvolvermos a firme determinação de abandonar tudo isso. Devemos assumir o compromisso de superar o que já passou.

Se não nos desligarmos dos incidentes perturbadores do passado e continuarmos a alimentar ressentimentos, arrependimentos e culpas, podemos ter certeza de que tudo o que ficou por resolver vazará para o futuro e, sem dúvida, destruirá nossos melhores planos.

Esse processo atua mais ou menos assim: quando alimentamos emoções prejudiciais, como ressentimento, arrependimento ou culpa, ficamos presos na energia negativa característica das experiências não resolvidas. Em conseqüência, somos atraídos inconscientemente por situações e pessoas que apresentam os componentes desse passado não resolvido e que despertam em nós o reconhecimento visceral das mesmas emoções desagradáveis. É como aquele filme, ***Feitiço do Tempo*** (direção de Harold Ramis, 1993), em que o protagonista, um repórter de televisão interpretado por Bill Murray, se vê obrigado a repetir o mesmo dia terrível várias vezes até finalmente alterar sua perspectiva, mudar de atitude, abandonar os ressentimentos e permitir que tudo melhore.

Essa criação inconsciente e repetitiva de experiências semelhantes e indesejáveis é a forma que a natureza utiliza para nos dar a oportunidade de corrigir nossa postura, curar nossas feridas, ficar em paz conosco mesmos ou concluir o que deixamos inacabado. Somente quando fizermos o trabalho necessário para cortar os laços emocionais com o passado poderemos retirar os obstáculos energéticos que ficaram em nosso caminho. Ao fazermos as pazes com o passado, nós nos tornamos aptos a elaborar e executar um plano denominado de "nossa melhor vida".

Cuide dos assuntos pendentes

Projetos desordenados e inacabados, listas de tarefas não cumpridas e assuntos pendentes de toda espécie impedem nossa mente de fazer as pazes com o passado e também de criar aquilo que desejamos. Esses obstáculos nos desanimam física, espiritual, emocional e mentalmente. Eles nos tiram a paixão e a alegria de viver. Em nosso mundo exterior, essas pendências aparecem como arquivos mortos, quilos adicionais, roupas que já não nos servem ou garagens repletas de caixas e equipamentos sem nenhuma serventia.

Quando nossa vida se encontra repleta de pendências – tenhamos ou não consciência disso – e nossa energia e concentração estão dispersas, nós nos conformamos com essa situação e deixamos de lado projetos e tarefas que realmente têm importância. Se quisermos criar um futuro novo e melhor, diferente daquele do passado, todas as nossas pendências deverão ser eliminadas para que possamos ver com clareza o rumo que tomamos e também nos fortalecer para seguir adiante.

Imagine que suas pendências são sanguessugas. Imagine-as em algum ponto de seu corpo, sugando sua auto-estima, seu sentimento de valor, seus impulsos, suas paixões e sua confiança. Se você pudesse ver esses pequenos parasitas, não tomaria providências imediatas para eliminá-los? Não ficaria apavorado se soubesse que estão lá, em silêncio, roubando sua alegria e sua paz de espírito? Nem por um minuto consigo imaginá-lo apático, deixando que esses vampiros suguem seu sangue. Sei que esse não é um quadro bonito, mas representa o que está acontecendo em sua vida, admita você ou não.

A superação de todas as questões do passado é uma forma de libertação dessas sanguessugas ocultas, que drenam sua energia e nublam sua visão. O encerramento dessas pendências é um presente que você tem o dever de dar a si próprio, pois isso lhe permitirá pôr ordem no passado, deixar cada assunto em seu lugar e fazer com que tudo volte a ser inteiro e completo.

Lembro-me de Tony, um dos treinadores de minha equipe:

Durante anos a fio, ele lutou para fazer seu negócio decolar. Parecia até que, por mais que trabalhasse ou acreditasse nos serviços que oferecia, não conseguia ganhar dinheiro suficiente para tocar a empresa. Certa ocasião, perguntei-lhe se havia algum assunto pendente que pudesse impedir o sucesso de seu empreendimento. Tony respondeu que já fracassara nos negócios anos antes, após ter convencido os amigos e a família a investir numa empresa iniciante que não vingou – e todos perderam dinheiro. Muito embora ele tivesse se reorganizado rapidamente e mudado de ramo, nunca se desculpou com as pessoas que o ajudaram e foram prejudicadas por isso.

Tony percebeu que a falta de uma conclusão adequada desse episódio o assombrava, debilitando sua confiança e auto-estima. Ao notar que trazia o passado para o presente, fez uma lista de todos aqueles a quem precisava pedir desculpas e, corajosamente, ressarciu cada um deles. Nos meses seguintes, Tony e sua empresa ganharam novo fôlego e ele conseguiu transformá-la num sucesso.

É isso que acontece quando fazemos as pazes com o passado.

Quando resolve suas pendências, você experimenta um sentimento profundo de satisfação. À medida que libera a poderosa energia que ficou presa nos assuntos pendentes, o desejo e a vontade de criar uma vida muito melhor que a atual emergem naturalmente. Você pode avançar com vigor, entusiasmo e nova perspectiva. É da superação desses problemas que surge uma visão nova de futuro: você enxerga, com incrível nitidez, tudo aquilo que está ao seu alcance. Quando se desapega do passado, você se prepara para caminhar na direção do futuro.

Para vivermos o melhor ano de nossa vida, um período que supere totalmente nossa realidade atual, precisamos jogar fora o velho e dar espaço ao novo. Não é possível lançar novas sementes sobre os restos da colheita do ano anterior e esperar que elas vinguem e dêem bons frutos. É necessário, antes, limpar e preparar a terra para o próximo plantio. Para cultivarmos o solo de nossa consciência e prepará-lo para uma nova colheita, precisamos nos livrar de tudo aquilo que for desnecessário.

Ao fecharmos as portas do passado, erguemos as bases de um futuro novo e brilhante. Isso faz com que novos caminhos surjam diante de nós. Faz com que nos enraizemos profundamente em nossa integridade pessoal, além de nos fixar, com solidez, no momento presente.

Você quer mesmo viver o melhor ano de sua vida? Então

Faça isto:

1. Elabore uma lista de projetos, tarefas e relacionamentos pendentes que o mantêm preso ao passado e obstruem seu avanço para um futuro melhor.

2. Identifique as ações necessárias à superação de cada um desses assuntos não concluídos.

3. Resolva, uma a uma, todas as pendências de sua lista.

4. Volte ao tópico 1 e refaça os passos de 1 a 4 deste método até ter certeza de que não restou nenhuma pendência a ser resolvida.

5. Durante o processo de resolução do passado, imagine como você se sentirá bem quando se libertar e limpar o terreno para o futuro.

6. Refaça o procedimento pelo menos uma vez por mês para certificar-se de que nada relativo ao passado o impedirá de fazer deste o melhor ano de sua vida.

CINCO

Como evitar os becos sem saída

Na jornada para o melhor ano de nossa vida, sem dúvida haverá obstáculos, desvios e situações desanimadoras que poderão nos afastar do caminho da realização de nossos sonhos. Para garantirmos que este já se transforme em nosso melhor ano, devemos aprender desde já a evitar as mesmas armadilhas que no passado não nos permitiram evoluir.

É preciso mudar nossos padrões e comportamentos habituais que não levam a nada – pensamentos, costumes, desculpas e atitudes que não nos permitem aproveitar ao máximo a vida. Para facilitarmos, chamaremos essas armadilhas de "becos sem saída" porque, se nos aventurarmos por eles, acabaremos mais afastados de nossos sonhos do que estamos agora ou, no mínimo, nos atrasaremos nessa jornada.

Esses becos sem saída são o modo mais fácil de fugir do compromisso que assumimos de fazer deste o melhor ano de nossa vida. Eles geralmente se parecem com o caminho mais curto para a solução de um impasse ou de uma dificuldade – mas, como você logo perceberá, não chegará a lugar nenhum nem ganhará coisa alguma se enveredar por eles. Em outras palavras, não existe saída no final desses becos e, caso você caia na tentação de entrar em um deles, isso apenas atrasará sua caminhada para o sucesso!

Há vários anos, deparei com um poema maravilhoso e inspirador de Portia Nelson apresentado em seu livro *There's a Hole in My Sidewalk* [Há um Buraco em Minha Calçada]. Esse texto ilustra, com bastante propriedade, a forma como os becos sem saída nos mantêm presos aos mesmos comportamentos antigos. O poema é assim:

Capítulo 1
Caminho pela rua.
Há um buraco fundo na calçada.
Caio dentro dele.
Estou perdida... Estou indefesa.
Não é minha culpa.
Levo uma eternidade para sair dele.

Capítulo 2
Caminho pela mesma rua.
Há um buraco fundo na calçada.
Finjo que não o vejo.
Caio novamente.
Não acredito que estou no mesmo lugar.
Mas não é minha culpa.
Ainda levo muito tempo para sair.

Capítulo 3
Caminho pela mesma rua.
Há um buraco fundo na calçada.

Vejo que está lá.
Ainda caio nele... É um hábito.
Meus olhos estão abertos.
Sei onde estou.
É minha culpa.
Saio imediatamente.

CAPÍTULO 4
Caminho pela mesma rua.
Há um buraco fundo na calçada.
Eu me desvio dele.

CAPÍTULO 5
Caminho por outra rua.

Nossos becos sem saída são como o buraco da calçada de Portia Nelson. Eles em geral se disfarçam de escolhas irrelevantes e inofensivas: comer um brigadeiro no terceiro dia de regime, comprar quatro CDs quando, com esse dinheiro, poderia pagar parte do saldo devedor do cartão de crédito. Fazer fofocas com um colega em vez de empregar o tempo no projeto em que está trabalhando ou adiar o pagamento de suas contas mesmo sabendo que as multas pelo atraso vão pesar no bolso. Embora surjam em diferentes formas, os becos sem saída podem ser comparados a cupins famintos que devoram justamente os alicerces de nossos planos de uma vida maravilhosa.

Na estrada que dá acesso ao melhor ano de nossa vida também existem becos sem saída. Mesmo quando tomamos consciência deles permitimos que exerçam certo domínio sobre nós. Conseguem desviar-nos do caminho, embora tenhamos afirmado que não cairíamos no mesmo buraco outra vez. Roubam-nos a auto-estima e a confiança, sugando a energia vital de que precisamos para, de fato, tornar nossa vida melhor. Quando esgotamos nosso vigor na exploração de caminhos que não levam a lugar nenhum, não há mais o que esperar da vida além daquilo que já temos. Esses becos sem saída nos amarram à mediocridade e nos prendem exatamente no lugar onde estamos.

Mentimos sempre para nós mesmos com relação ao poder destrutivo de certos comportamentos. Isso ocorre porque muitas de nossas atitudes de auto-sabotagem ficam ocultas na mais absoluta negação. Nós nos recusamos a ver as conseqüências de nossos atos e nos enganamos acreditando na possibilidade de obter o que quisermos ainda que continuemos a trilhar o mesmo caminho improdutivo. Nossa recusa de enxergar a realidade nos diz: "Posso escapar impune desta vez", "Ninguém saberá", "Não preciso enfrentar isso agora" ou "De qualquer modo, nem é tão importante conseguir o que quero".

Você sabe que está num beco sem saída quando percebe que já tomou a mesma atitude muitas vezes, mas na verdade isso não o leva a lugar nenhum. É comum ter consciência da inutilidade desse comportamento mesmo quando age por imposição de algum velho hábito. É quase sempre possível identificar tais armadilhas. Você já prometeu, inutilmente, abandonar esse comportamento específico tantas vezes que não acredita mais em sua palavra.

Um beco sem saída pode ser tão inofensivo quanto a tendência de esperar que seu filho adolescente leve o lixo para fora sem ninguém pedir. Pode ser o vício de adiar até o último instante a renovação da carteira de motorista ou de se atrasar para uma reunião por tentar cumprir mais uma tarefa de sua lista diária de afazeres. Não importa a dimensão nem a gravidade de seu beco sem saída: se for um hábito que interfere em seu bem-estar, está na hora de abrir mão dele.

Sarah, mãe de dois garotos, ansiava pelo dia em que se tornaria mais calma, tranqüila e confiante. Durante a maior parte do tempo, no entanto, ela estava estressada ou sentia ansiedade e desconforto. Assim que lhe atribuí a tarefa de observar diariamente os comportamentos que a privavam da confiança e da paz de espírito, ela descobriu uma coisa que não percebera antes: sua versatilidade e o alto padrão de exigência consigo mesma – qualidades que julgava desejáveis em uma pessoa eficiente – na realidade lhe roubavam o estado de espírito pelo qual ansiava.

Pedi a Sarah que anotasse cada um dos comportamentos auto-sabotadores que costumava manifestar e também o custo de cada um em termos de paz de espírito. Eis a lista que me apresentou:

1. Falo pelo telefone enquanto estou comprando artigos de supermercado e mantimentos. Isso me deixa perturbada e ansiosa. Custa-me tempo, pois, com freqüência, preciso ligar de novo para a pessoa e concluir a conversa ou voltar ao mercado atrás dos artigos que deixei de comprar.

2. Concluo as tarefas necessárias com tal rapidez que depois me pergunto se realmente terminei de fazer tudo. Preciso, então, conferir meu próprio trabalho. Isso me deixa desanimada e insegura de minha competência.

3. Tento fazer os telefonemas relativos ao trabalho enquanto vou buscar meus filhos na escola. Quando querem falar comigo sobre o que aconteceu durante o dia e estou no meio de uma ligação, em geral fico impaciente com eles. Embora no momento eu considere a tarefa profissional mais importante, depois sempre me arrependo de meu comportamento.

Um rápido exame da lista de Sarah deixa bem claro que ela entra em muitos becos sem saída que a conduzem na direção oposta à desejada.

Durante anos perguntei a mim mesma por que razão, apesar do sincero desejo que têm de mudar, as pessoas continuam fazendo as mesmas escolhas que as enfraquecem e evitam que seus desejos e objetivos se cumpram.

Após muito tempo de experiência treinando milhares de indivíduos formidáveis, cheguei à conclusão de que continuamos a entrar em becos sem saída porque, de algum modo, tememos a mudança. O crescimento e o fracasso nos causam medo. A maioria das pessoas prefere ficar como está, embora se queixe, a ir em busca da mina de ouro e falhar.

Assim, mantemos o hábito de cair nos mesmos buracos que já conhecemos tão bem apenas para ter certeza de que ficaremos próximos do "conforto" a que estamos acostumados. Embora reivindiquemos uma vida melhor, mais produtiva e completa, permanecemos em situações que, para nós, não dão nenhum resultado. Elaboramos uma desculpa atrás da outra para justificar o fato de não ter a vida que desejamos e explicar o motivo pelo qual nossos sonhos não se realizaram.

Nossos comportamentos mais inadequados são também, de maneira geral, os mais comuns, aqueles que repetimos todos os dias. Talvez não percebamos isso porque se trata de atitudes muito arraigadas em nossos hábitos cotidianos.

Para recuperarmos a capacidade de controle dos aspectos de nossa vida nos quais seguimos cegamente, até agora, apenas nossos impulsos básicos, devemos identificar as escolhas, os comportamentos, os pensamentos, as desculpas e as crenças que nos aprisionam nas mesmas situações constrangedoras.

Apesar de parecerem gratificantes no primeiro momento, esses comportamentos, em última análise, não nos dão recompensas nem benefícios. Rotulando essas escolhas de "becos sem saída", teremos mais consciência das conseqüências de nossos atos. Dessa forma, quando percebermos estar prestes a entrar num beco sem saída, poderemos fazer outra escolha, mais poderosa e oportuna, do mesmo modo que agiríamos ao deparar com um sinal de desvio na estrada.

Beco sem saída número 1: Desculpas

As desculpas são, talvez, os maiores becos sem saída, pois nunca nos levam aonde queremos. Elas nos afastam de nossas responsabilidades e nos tiram o poder que exercemos sobre nossa vida. E nós ficamos com uma sensação de impotência, como se fôssemos vítimas das circunstâncias. Somos então convidados a experimentar a culpa – e a apontar o dedo acusador na direção dos outros, e não para nós mesmos.

O termo ***desculpar*** significa, por definição, "considerar com indulgência; apiedar-se ou tolerar; perdoar". Pergunto então: o que aconteceria se, neste ano, você não pudesse utilizar mais nenhum pretexto? Se, como parte do compromisso de criar o melhor ano de sua vida, você preferisse abrir mão de suas desculpas favoritas e mais usadas? Se ninguém mais fosse responsável pelos resultados obtidos neste ano senão você mesmo? Como talvez já saiba, existe uma lista interminável de desculpas que "explicam" por que você não pode, não vai ou não deve fazer deste o melhor ano de sua vida.

O ato de desculpar-se é automático. Não requer raciocínio nem criatividade. Muitos assimilaram esse hábito de tal maneira que nem percebem quando fazem isso. As desculpas surgem como verdades em nossa vida. Mas preste atenção: **elas não são a verdade**. Todos nós inventamos desculpas, todos nós fazemos uso delas e fingimos ficar impotentes diante de sua força circunstancial. Mas, se quisermos viver o melhor ano de nossa vida, precisamos desistir de ***todas as desculpas*** que usamos até aqui. Para isso, é necessário responder a uma pergunta fundamental: "Quero ser fiel ao objetivo de manifestar minha melhor perspectiva pessoal ou ser fiel a minhas desculpas?"

As desculpas não nos permitem assumir a responsabilidade por nossa vida e nos impedem de enxergar a verdade de nossa realidade atual. São, literalmente, nossa tentativa de "desculpar" a nós mesmos por não agir como os seres humanos responsáveis, poderosos e criativos que somos. Elas se tornaram uma forma socialmente aceita de oferecer a nós próprios uma "rota de fuga" de que talvez precisemos em determinadas situações.

Nossas desculpas gritam: "Não é minha culpa", "Não posso evitar", "Não tenho tempo", "Meus filhos precisam de mim", "Pedi para ele tomar conta do assunto", "Isso não consta de minhas funções de trabalho", "Não posso fazer tudo", "Não sou tão inteligente assim", "Fiz minha parte, vocês é que não fizeram a sua", "Todo mundo é irresponsável", "Outra pessoa deveria cuidar disso" ou "Vai dar tudo errado se eu não fizer isso".

As desculpas transferem toda a nossa força interior para as circunstâncias externas e, aos poucos, eliminam nossa capacidade de gerar resultados. Sabotam nossos sonhos de futuro e nos mandam, de tempos em tempos, para a trilha habitual do passado. As desculpas são capazes de infiltrar-se em nossos desejos mais profundos e em nossos planos mais bem elaborados, roubando-nos uma vida maravilhosa.

Uma das participantes de um curso que ministrei sobre "criação do melhor ano de sua vida" compareceu a uma de nossas reuniões de acompanhamento e ficou chocada ao perceber que suas desculpas eram justificadas – ou seja, tinham credibilidade. Aquilo a aturdiu. Mas, depois de observar mais profundamente, ela descobriu que ***todas as desculpas*** são justificadas. Se não pudéssemos justificá-las, não poderíamos usá-las.

Bastaria, por exemplo, dizer: "Bem, vou dar algumas desculpas agora para não fazer, não ser ou não ter o que quero da vida". E a maioria das pessoas lançaria mão de muitas evidências para validar tais desculpas.

É lógico que nossos pretextos são mais facilmente justificáveis que os dos outros. Quer alguns exemplos? "Não posso ampliar meus negócios porque tenho filhos pequenos em casa", "Não posso quitar minhas dívidas porque meu marido (ou minha esposa) não quer tomar parte nisso", "Não posso comprar um computador novo e começar a escrever meu livro porque não tenho dinheiro no banco."

Essas frases, se consideradas superficialmente, parecem mais do que desculpas. Elas se apresentam como verdades, já que existem provas das limitações alegadas. Diante de um exame mais profundo, contudo, se quisermos olhar além do "não posso", descobriremos, exceto no caso de haver circunstâncias que impossibilitem fisicamente a pessoa de fazer o que pretende, uma forma de fuga – um "não farei". Mesmo justificadas, ainda serão desculpas.

Por que sei disso? Porque, se fosse uma questão de vida ou morte, a maioria das pessoas poderia encontrar uma saída: uma forma de ganhar mais dinheiro e comprar o computador, um meio de educar os filhos enquanto os negócios progridem ou um modo de quitar as dívidas sem o auxílio do cônjuge. As pessoas em questão teriam, porém, de abrir mão de alguma coisa para realizar seu intento. Quem sabe sacrificar parte do tempo livre ou arranjar coragem e pedir ajuda a alguém. Talvez fosse preciso assumir a responsabilidade de custear os próprios estudos em vez de procurar o apoio da família.

Eis o ponto: se assumirmos de fato o compromisso de realizar nossos sonhos, deveremos abrir mão de nossas desculpas, justificáveis ou não. Só assim ganharemos controle sobre nosso destino.

Todos nós já ouvimos inúmeras histórias de indivíduos que tomaram as rédeas da própria vida e conseguiram resultados incríveis. Indivíduos que vieram do nada – sem instrução, sem apoio, sem recursos, sem vantagens – e caíram no mundo, fazendo de sua vida um exemplo extraordinário. Essas pessoas ignoraram as circunstâncias desfavoráveis em que viviam e enfrentaram todas as dificuldades. Elas simplesmente fizeram as coisas acontecer – sem esconder-se atrás de desculpas.

O lado bom disso tudo é a convicção de que cada um de nós também possui essa capacidade poderosa. Se você resolveu viver além de seus sonhos mais alucinados – conquistando um sucesso que jamais acreditou possível –, será preciso assumir o mesmo nível de responsabilidade.

Se fizer de sua vida um caminho sem desvios, você seguirá adiante com muito mais rapidez – independentemente dos obstáculos que apareçam – e terá mil vezes mais resultados do que está colhendo agora.

Todas as desculpas são becos sem saída que o afastam da vida que deseja. Hoje é sua oportunidade de se comprometer com o essencial e iniciar uma existência sem desculpas. Quando elas não existem, há apenas um único caminho a trilhar: aquele que o conduzirá ao melhor ano de sua vida.

Você quer mesmo viver o melhor ano de sua vida? Então

Faça isto:

1. Escreva uma lista das desculpas que você usa para justificar as condições de sua vida.
2. Assuma o firme propósito de desistir de todas as desculpas – até mesmo de sua desculpa favorita e mais comum – que você poderia usar para deixar de fazer o que é preciso para viver o melhor ano de sua vida.
3. Quando desconfiar que está inventando uma desculpa para não fazer o que é necessário, pergunte a si mesmo: “Se fosse uma questão de vida ou morte, eu daria um jeito de fazer o que é preciso?” Depois aja corretamente.
4. Preste atenção em suas atitudes e perceba que ficou muito mais eficiente quando se tornou mais fiel a seu sonho do que a suas desculpas.

Beco sem saída número 2: Diálogo interno negativo

Uma das situações mais detestáveis e debilitantes da vida não surge na forma de um obstáculo externo, e sim em nossa mente. Se não for percebido e neutralizado logo, o diálogo interno negativo pode destruir nossa existência interferindo nos planos mais bem elaborados e nos impedindo de atingir nossos objetivos – ou mesmo de lutar por eles.

Os pensamentos governam nossos comportamentos e nossas ações. A mente nos diz o que somos ou não capazes de fazer e realizar. Mas a maioria das pessoas tenta desesperadamente administrar a própria mente ou, melhor ainda, ignorar ou resistir ao falatório negativo e contínuo que freqüentemente se instala dentro dela. Precisamos, porém, resolver essas dificuldades com nosso diálogo interno negativo para ser bem-sucedidos na criação de uma vida além das limitações que conhecemos.

Acho intrigante o fato de que a maioria das pessoas pensa que o diálogo interno negativo é sempre verdadeiro. Não conseguimos compreender que, embora apareça para todos, embora exista, não é preciso dar ouvidos a ele.

Enquanto acreditarmos no diálogo interno negativo, continuaremos a crer em nossas limitações auto-impostas, permanecendo confinados na prisão que construímos para nós mesmos. Para desfrutar uma vida melhor e mais estimulante do que a atual, será preciso chegar a um acordo com o diálogo interno e recuperar o poder que lhe demos.

Assim que aprendermos a identificar os diálogos internos que nos mantêm presos à repetição dos mesmos antigos comportamentos e nos fazem ouvir as velhas instruções de sempre, passaremos a ter consciência deles. Em vez de ouvi-los e obedecer a suas ordens, poderemos dizer: "Estou recebendo a visita de um diálogo interno negativo. Por isso, prefiro não ouvi-lo nem dar atenção a ele". Quando nos conscientizamos desses pensamentos antes de agir, podemos fazer escolhas melhores – que, de fato, nos conduzam pelo caminho de nossos sonhos.

Outra maneira pela qual o diálogo interno nos leva ao fracasso é através de nossas expectativas negativas: ***esperamos*** não obter o que desejamos, que ninguém goste de nós ou ainda que vamos passar por alguma experiência de dor ou fracasso.

Mas nossas expectativas negativas não correspondem à realidade. Algumas pessoas, porém, vivem como se assim fosse. O estresse e a ansiedade são, com freqüência, causados não pelos eventos reais da vida, e sim pela antecipação de um resultado negativo. Mesmo que as circunstâncias provem que nossas expectativas estavam erradas, nós ficamos em tal estado de perturbação que somos impedidos de sentir gratidão pelos resultados positivos que obtivemos.

As expectativas negativas nos arrancam do momento presente, lançando-nos numa projeção distorcida do futuro. Elas nos impedem de sentir e até mesmo de suspeitar do lado bom que existe em todas as situações.

No instante em que criamos uma expectativa negativa, nós pomos as pessoas e as circunstâncias de nossa vida dentro de uma caixa com o rótulo: "Não espere nada de bom daqui". Nossas expectativas negativas nos isolam da realidade. Impedem nosso conhecimento exato dos fatos e nosso interesse por eles. Talvez, e isso é o pior, nossas expectativas negativas se tornem profecias autorrealizáveis, carregando-nos justamente para as experiências ruins que tentamos evitar.

A melhor forma de reduzir o poder das expectativas negativas é reconhecer o fato de que não se realizaram. Uma participante de um de meus programas de treinamento fez isso recentemente. Ela fora convidada para uma festa da qual tinha certeza de que não gostaria. Um diálogo interno repleto de expectativas negativas lhe dizia: "Você não vai se divertir. Ninguém vai gostar de você". Ela, no entanto, apegou-se ao compromisso de ter o melhor ano de sua vida e fazer que todos os seus momentos se tornassem extraordinários. Assim, criou uma nova expectativa – divertir-se – e, para sua grande surpresa, passou horas adoráveis. A realidade destruiu por completo suas expectativas negativas! Quando aproveitou um instante para reconhecer, conscientemente, que suas expectativas negativas nem sempre condiziam com a verdade, ela pôde perceber que se tratava de uma cilada. A partir daí, criou expectativas positivas, que a levaram ao melhor ano de sua vida.

Um ótimo exercício para as vítimas contumazes desse processo é prestar atenção no volume de tempo e de energia que investem nas armações de seu diálogo interno negativo e na forma como essa conversa aciona as expectativas negativas. Em seguida, pois todos têm o direito e a capacidade de fazer isso, classifique esse diálogo como um beco sem saída e faça a escolha de desviar-se dele, preferindo buscar uma opção nova e coerente que seja nitidamente favorável à criação do melhor ano de sua vida.

Você quer mesmo viver o melhor ano de sua vida? Então

Faça isto:

1. Comece a tomar consciência dos diálogos internos negativos que têm sugado sua energia e debilitado sua auto-estima.

2. Tome nota dos diálogos internos negativos e classifique-os como ciladas.

3. Na próxima vez que ouvir esse conhecido falatório negativo, reconheça-o como um beco sem saída em vez de acatar cegamente suas instruções.

4. Preste atenção em seus pensamentos, identifique suas expectativas negativas e pratique a substituição consciente delas por expectativas positivas.

Beco sem saída número 3: O jogo da culpa

Eis as regras desse jogo: "A culpa não é minha, e sim sua" ou "Eu não cometi esse erro e vou fazer você sofrer mesmo que, para tanto, destrua minha vida". Nesse jogo, os participantes procuram por qualquer pessoa, local, situação ou objeto e o responsabilizam pelo que está (ou não) acontecendo em sua vida. Ninguém vence o jogo da culpa. Todos colidem com as mesmas paredes enquanto tentam encontrar alguém que arque com a responsabilidade de seu desconforto e de sua infelicidade.

Durante doze anos, minha amiga Laura culpou o marido por não lhe dar o estilo de vida que, em sua concepção, um homem deveria proporcionar à mulher. Em vez de se concentrar na própria carreira, buscar maneiras de ganhar mais dinheiro e comprar tudo o que desejava, ela desperdiçou anos de sua vida, e muita energia, no processo de jogar a culpa de seu infortúnio no companheiro. Quando, enfim, Laura se conscientizou de que estava presa no jogo da culpa, decidiu recuperar seus poderes e empregar melhor toda aquela energia que desperdiçara. Ao tomar consciência de sua atitude equivocada, ela se fortaleceu e deu novo rumo à vida e à realização de seus sonhos.

Para construirmos o melhor ano de nossa vida, precisamos parar de culpar os outros por nossas condições. Quando jogamos nas outras pessoas a responsabilidade de qualquer circunstância, mesmo acreditando que isso seja verdade, reduzimos nosso poder de realizar as mudanças que desejamos.

O sentimento de culpa tornou-se a doença de nosso tempo. Ele nos leva a crer que somos as vítimas em tudo, e isso nos deixa impotentes diante das circunstâncias. Quando ficamos estressados, esgotados ou conformados, fatalmente caímos no sentimento de culpa e jogamos nas costas dos outros a responsabilidade por nossas condições.

Tudo o que dissermos, pensarmos ou fizermos para culpar outra pessoa nos tornará impotentes. Por isso, tão logo você note que está fazendo o papel de vítima em qualquer aspecto de sua vida, a próxima etapa será simples: veja quem está acusando e pare. Assuma a responsabilidade por suas experiências. Não interessa o que lhe fizeram: se continuar culpando os outros, lamento informar, você vai perder esse jogo.

Mesmo que lhe tenham ensinado a apegar-se a seus ressentimentos, recomendo que pare com isso imediatamente. Caso contrário, não lhe restará alternativa senão arrastar o passado para o futuro e continuar trilhando os caminhos que o levarão a qualquer outro lugar, menos para onde você realmente gostaria de ir.

A criação do melhor ano de sua vida exige que você se prepare para lidar com qualquer situação. Assim, aceite o fato de ser totalmente responsável por seus atos e avance sem dar maior importância ao que as outras pessoas fazem ou deixam de fazer. O jogo da culpa sempre é um beco sem saída porque, definitivamente, não existem saídas desejáveis no final desse caminho.

Você quer mesmo viver o melhor ano de sua vida? Então

Faça isto:

1. Identifique, se for o caso, a pessoa que você está culpando por suas escolhas e reflita sobre os motivos dessa atitude.
2. Procure avaliar o poder que você terá nas mãos se assumir totalmente a responsabilidade por seus atos
3. Assuma integralmente suas responsabilidades para fazer deste o melhor ano de sua vida.
4. Abandone de uma vez por todas o jogo da culpa. Assuma as responsabilidades de sua vida em todos os momentos.

Beco sem saída número 4: Conceitos rígidos

Nossos conceitos rígidos, ou inflexíveis, devem ser considerados becos sem saída porque transformam os indivíduos apaixonados, joviais e maleáveis que fomos um dia em seres humanos amargos, cansados, inconformados e radicais.

Os conceitos rígidos, de modo geral, são criados sem que tenhamos consciência disso. Passamos por determinada experiência e, com base nela, formamos uma opinião. Como não gostamos de admitir que nossos pontos de vista não têm base sólida ou são falhos, nós os defendemos. Sem ao menos percebermos, adotamos um modo de pensar viciado, que pode interferir negativamente em nossa jornada rumo ao melhor ano de nossa vida.

Já que a maioria das pessoas despreza o simples fato de admitir um erro, nós nos apegamos a nossos conceitos rígidos mesmo que isso nos torne infelizes ou nos impeça de ter uma vida agradável e bem-sucedida. Veja o exemplo de Zack:

Zack era um jovem talentoso que trabalhava para Beth, uma colega minha, e ganhava muito dinheiro com uma atividade que acreditava satisfazê-lo. No início, ambos agiam como uma equipe, mas com o tempo Beth começou a achar impossível trabalhar com o rapaz, que sempre reclamava do modo como ela administrava seus negócios. Passavam horas a fio discutindo suas diferenças e tentando encontrar um meio de tornar a convivência mais amigável. Após cerca de um ano, Beth notou que estava, na verdade, brigando com um conceito rígido que tinha muito pouco a ver com ela – e esse conceito, por fim, fez com que Zack abandonasse o emprego que adorava.

Perturbado com a incapacidade de resolver seus conflitos com Beth, o rapaz procurou por mim. À medida que conversávamos, descobrimos a origem do conceito radical de Zack: anos antes, quando era apenas um garoto, depois de vários incidentes de abuso sexual por parte de uma prima, decidiu nunca mais permitir que mulher alguma o dominasse ou magoasse novamente. Tal decisão, impregnada de inflexibilidade, tornou-se um conceito instintivo. Mesmo ciente de sua postura distorcida, Zack não queria ceder à razão. Sua atitude tornou impossível a continuidade do trabalho em parceria com Beth. Esse foi um caso claro de vitória do conceito rígido.

Todos os conceitos rígidos nascem do medo. Se decidirmos identificar nossos receios e enfrentá-los, poderemos facilmente abandonar nossos conceitos radicais, que não nos permitem enxergar as situações com clareza. Se Zack quisesse mesmo superar seu medo de ser dominado pelas mulheres, poderia ter derrotado a influência que esse conceito exercia sobre ele, permitindo que outra realidade viesse à tona.

Nossos conceitos rígidos atuam como vendas que limitam nossa visão e nos forçam a repetir padrões do passado. Eis alguns exemplos desses conceitos, que amigos, familiares, colegas de trabalho e membros de várias comunidades compartilharam comigo ao longo dos anos:

Os ricos são gananciosos.

As mulheres devem ser submissas.

Os homens têm de pagar todas as contas.

Todo mundo deveria ter um curso superior.

A morte é ruim.

O fracasso é ruim.

Os vegetarianos são espiritualmente mais evoluídos.

Só deveria haver despedidas alegres.

Os pais não deveriam separar-se nunca pelo bem dos filhos.

As mães deveriam ficar em casa com seus filhos.

Tudo é mais fácil para os homens.

Eu posso fazer isso melhor do que as outras pessoas.

A raiva é ruim.

Televisão é perda de tempo.

É tarde demais para começar uma nova carreira.

Os pobres são preguiçosos.

Os ricos só se preocupam com eles mesmos.

As pessoas deveriam ajudar mais umas às outras.

Este mundo é um "pega-pra-capar".

Tenho de tomar conta de todo mundo.

Ninguém se importa comigo.

Eu sei o que é certo para mim.

Não preciso de ninguém.

Conheço isso melhor do que qualquer um.

Eu sempre estou certo. É você que está errado.

Para neutralizarmos ou mudarmos nossos conceitos rígidos, precisamos, antes de tudo, admitir que os temos!

Devemos estar dispostos a aceitar o fato de que não somos Deus Todo-Poderoso e, portanto, não sabemos tudo.

Para que o próximo ano de nossa vida seja dez vezes mais inspirador, completo e empolgante que o atual, devemos esquecer nossos conceitos ultrapassados e inadequados e enxergar os fatos por um novo prisma. Precisamos assumir nossos preconceitos e erros. Devemos tentar ver a vida com novos olhos e dar uma chance aos outros e a nós mesmos.

Quando abrimos mão de nossos conceitos rígidos, voltamos ao que os budistas chamam de ***mente do principiante***. É a mente de uma criança pura, para a qual todas as realidades são possíveis. A mente do principiante permite que as pessoas se abram a novas experiências e perspectivas. É o estado mental necessário para fazer deste o melhor ano de sua vida.

Você quer mesmo viver o melhor ano de sua vida? Então

Faça isto:

1. A partir de agora, preste atenção em todos os aspectos da vida em que você tem certeza de que as coisas "são assim e ponto final".

2. Com base nisso, faça uma lista de seus conceitos rígidos.

3. Pergunte a si mesmo o que receia descobrir caso abandone seus pontos de vista radicais.

4. Pense e decida que novas crenças serão mais benéficas a você na criação do melhor ano de sua vida.

5. Substitua seus conceitos rígidos por essas novas crenças.

Beco sem saída número 5: Comportamentos auto-sabotadores

Se planeja quitar suas dívidas e, de repente, se pega fazendo listas de compras no meio da noite, pode crer, meu amigo, você acabou de entrar numa armadilha que ameaça frustrar os resultados que almeja alcançar. Caso você queira mais paixão e intimidade com sua esposa, embora alimente fantasias e desejos por outra mulher, está num beco sem saída que de modo algum o levará ao resultado cobiçado. Se tiver como objetivo aumentar sua renda em 20%, a permanência num emprego sem perspectiva de crescimento é, para você, outro beco sem saída. Se quer perder nove quilos e continua beliscando sobremesas repletas de gorduras e açúcares, está também num belo beco sem saída que manterá seu objetivo a quilômetros de distância.

Qualquer comportamento que o leva à auto-sabotagem, que o afasta daquilo que você deseja ou o desvia de suas metas é um beco sem saída. São atitudes que sugam sua vitalidade, deixam você exausto e sem acesso à energia poderosa de que precisa para criar uma vida melhor. Vejamos alguns exemplos desse tipo de comportamento:

- *Jogar paciência no computador durante o expediente na ocasião em que você tem ambições de subir na hierarquia da empresa.*
- *Estabelecer prioridades em sua lista de tarefas e começar pelo último tópico.*
- *Parar numa barraquinha de cachorro-quente depois de se comprometer a alimentar-se de maneira mais saudável.*

- *Concentrar-se nas necessidades alheias em vez de se preocupar com as suas.*
- *Conversar pelo telefone com um velho amigo exatamente no horário em que deveria sair para caminhar.*
- *Dizer "não, não e não" a seus filhos e, quinze minutos depois, ceder às vontades deles.*
- *Afirmar que quer livrar-se do álcool e, em seguida, marcar encontro com um amigo no bar mais próximo.*
- *Comprometer-se a melhorar sua vida sexual com sua esposa, mas ficar até tarde, todas as noites, assistindo à TV.*
- *Cultivar o sonho de economizar dinheiro, mas gastar sistematicamente mais do que ganha.*
- *Afirmar que deseja um relacionamento mais próximo com seus filhos adolescentes e, logo em seguida, criticar suas escolhas.*
- *Adiar ações que darão a você aquilo que deseja.*
- *Preocupar-se com o que os outros pensam de você.*

Devemos abrir mão dos comportamentos auto-sabotadores se quisermos realmente fazer deste o melhor ano de nossa vida.

Rick, que participava de uma de minhas sessões de treinamento avançado, descobriu que a maior sabotagem que cometia contra seus planos era o hábito de ver filmes até o raiar do dia. Estava no auge da carreira quando adquiriu esse costume e, durante quase dois anos, viu seus negócios declinar, pouco a pouco, uma vez que chegava cambaleante ao escritório pela manhã.

Pauline, uma enfermeira de UTI, não desejava nada além de um relacionamento mais próximo com o marido e os dois filhos. Mas todas as noites, ao chegar em casa, em vez de passar o tempo com as crianças e ajudá-las nos deveres de casa, Pauline as deixava com o marido para examinar catálogos e navegar na internet.

Eu poderia citar ainda muitos exemplos, mas agora tenho certeza de que você já identificou alguns dos becos sem saída de sua vida.

Todos nós caímos em uma ou em várias dessas armadilhas. Já prometemos tantas vezes não cair mais nos mesmos buracos que até perdemos a conta dos erros que cometemos. Agora, porém, diante do compromisso de vivermos o melhor ano de nossa vida, temos o incentivo perfeito para fazer novas opções. É por isso que precisamos viver com um propósito firme.

A qualidade de nossas escolhas diárias é que vai determinar se este será o melhor ano de nossa vida ou apenas mais um que passará sem ser lembrado. A todo momento devemos escolher se vamos, mais uma vez, seguir pela rua que tem um buraco na calçada ou apostar tudo em um novo caminho.

Se permitirmos que nossas desculpas e expectativas negativas, nossos diálogos internos infrutíferos, conceitos radicais e comportamentos auto-sabotadores comandem nossas escolhas, essa será a decisão mais pobre e cômoda que poderíamos tomar. Mas, se nos dispusermos a fazer opções de valor, transformaremos a possibilidade de viver uma existência melhor em nossa realidade predominante. Basta começar a fazer algumas escolhas inteligentes a cada dia.

Você quer mesmo viver o melhor ano de sua vida? Então

Faça isto:

1. Preste atenção em seu modo de agir habitual e identifique os comportamentos auto-sabotadores que adota.

2. Faça uma lista de comportamentos, escolhas e hábitos com os quais você se envolve e estão na direção oposta de seu propósito de se tornar uma pessoa melhor.

3. Considere agora os novos comportamentos e as novas escolhas que você pode adotar para que este seja o melhor ano de sua vida.

SEIS

Como planejar seu ano

Eram 4 horas da manhã. Eu acordara havia cerca de uma hora e não conseguira voltar a dormir. No princípio achei que despertara só por alguns instantes, como sempre faço, por volta das 3 da manhã. Vinte minutos depois, percebi que aquilo era mais do que a costumeira impaciência. Comecei a pensar em tudo o que acontecera durante o dia, e meu sono tranqüilo se tornou, rapidamente, um estado de inquietação.

Tentei entender o que me deixava tão ansiosa. O que me preocupava tanto a ponto de não conseguir voltar a dormir? Foi então que ouvi a frase: "Você não tem um plano". Meu primeiro pensamento foi: "É claro que tenho um plano. Tenho muitos. Talvez esse seja o problema, planos demais..."

À medida que os pensamentos corriam, eu tentava compreender o sentido exato das palavras que ecoavam em minha mente. De repente, consegui: lembrei-me de que passara a manhã com meu noivo, Gary, e com o empreiteiro que daria início à construção de nossa casa na semana seguinte. Havia no mínimo uma centena de detalhes que pediriam minha atenção durante os meses seguintes, e eu não planejara nem quando nem como poderia lidar com aquilo. Uma vez que, como sempre, eu já tinha uma agenda que intimidaria até o mais ávido ***workaholic***, minha psique me alertava para o fato de que devia preparar-me para nove meses de estresse. Aquilo era somente uma amostra, no meio da madrugada, do que estava por vir caso eu não elaborasse um plano adequado para enfrentar essa situação.

Hoje devo admitir que esse episódio me deixou muito surpresa porque eu seria a primeira a insistir que tenho planos para tudo. Passo o dia todo treinando as pessoas para que aprendam a esquematizar suas idéias. No entanto, em minha cama, às 3h40 da manhã, pude perceber que, apesar de ter um plano muito bem elaborado para a maior parte dos aspectos de minha vida, não havia nenhum para aquele que seria um dos maiores projetos a assumir naquele ano inteiro.

Descobri que embarcara em uma jornada e tanto e, o que era pior, sem nenhum mapa. Sabia aonde queria chegar, mas não fazia idéia do caminho a percorrer. Aquilo me atingiu em cheio. Se não passasse algum tempo elaborando um esquema bem-feito, completo, com prazos e orçamentos, entraria por um desvio muito longo e levaria tempo demais para atravessar o "inferno" da construção.

Planos bem concebidos detêm o segredo da paz de espírito. Se quisermos tranqüilidade, seja noite, seja dia, devemos traçar nosso rumo com cuidado, sabendo o que fazer, onde e como fazê-lo, para tornar nossos sonhos realidade. Mesmo que seja preciso modificar nossos planos, uma estratégia pronta possibilita eventuais mudanças de curso e uma adaptação de nossos prazos sem que isso nos deixe desnecessariamente ansiosos.

Tenho sorte na vida porque, de algum modo, dominei a técnica de deixar claro o que quero sem me deter por muito tempo em planejamentos no papel. Nesse caso, porém, pude ver que o custo da "improvisação" seria maior do que eu poderia suportar, especialmente porque o destino da casa dos meus sonhos estava em jogo. Não poderia arcar com as conseqüências, nem financeira nem emocionalmente, se ignorasse as atitudes adequadas para cada dia. Assim, levantei-me e comecei a anotar o que precisava para realizar minha tarefa – dessa maneira, poderia descansar, segura de que tudo ficaria pronto no devido tempo e em perfeitas condições.

Enquanto escrevia, descobri uma série de perguntas essenciais que precisavam de respostas urgentes para que eu pudesse elaborar um plano específico que garantisse o cumprimento de meu objetivo. Embora as respostas exigissem certo tempo e esforço de minha parte, eu sabia que esse investimento em planejamento me pouparia do estresse, da ansiedade e também de arrependimentos futuros. Como exemplo de elaboração de um planejamento, apresento abaixo as perguntas que fiz a mim mesma, além das respostas que dei a elas.

1. Aonde quero ir? Qual é meu sonho ou objetivo final?

Meu objetivo é criar o lar dos meus sonhos com Gary. Um lar para nossa família, que possa nos dar felicidade, conforto, serenidade e aconchego.

2. Que objetivo específico me guiará no rumo de meu sonho? Quando quero que tudo esteja pronto?

Minha casa estará completa e pronta para morar daqui a nove meses.

3. Qual é o exato alcance desse projeto ou sonho?

Tenho de escolher pisos, armários, pias, banheiras, tudo o que se refere a chuveiros, armários, despensa, cozinha e portas, além dos móveis da sala de estar, de jantar, dos quartos e do escritório.

4. Quais serão as etapas importantes ao longo do caminho?

Quero já ter escolhido tudo nos próximos seis meses, inclusive os móveis.

5. Que aptidões já possuo para ajudar-me a atingir meu objetivo?

- *Sou decidida e sei do que gosto.*
- *Tenho uma visão clara do resultado final.*
- *Sou boa na delegação de tarefas.*

6. Que aptidões precisarei desenvolver para concluir o trabalho?

- *Terei de confiar em minha intuição.*
- *Preciso desenvolver a disciplina necessária para manter-me dentro do plano e do orçamento.*

7. De que tipo de assistência ou incentivo preciso?

Preciso que o empreiteiro faça uma lista detalhada de tudo o que deve ser comprado e especifique os prazos necessários para isso.

8. Quanto tempo, diário ou semanal, devo reservar para essas tarefas?

Terei de reservar aproximadamente seis horas semanais durante as dez primeiras semanas. Em seguida, duas horas por semana bastarão para o restante do projeto.

9. Como agendar esse período em meu calendário?

Vou reservar uma hora por dia para avaliar o avanço das obras, fazer telefonemas e verificações com o empreiteiro para me certificar de que estaremos dentro do prazo e arranjaremos tudo para que ele e sua equipe façam um trabalho excelente.

10. Quais são os becos sem saída que devo evitar?

- *Ultrapassar os prazos.*
- *Distribuir uma tarefa ao longo da semana em vez de concluí-la no mesmo dia.*
- *Tomar decisões apressadas das quais me arrependerei mais tarde.*
- *Aceitar a influência dos outros e modificar minha opinião sobre o estilo que desejo para minha casa.*
- *Usar desculpas como: "Posso esperar até a semana que vem", "Meu trabalho é mais importante" ou "Não tenho tempo, vou deixar que outros decidam por mim".*
- *Deixar-me levar pela opinião das pessoas que julgo saberem mais do que eu.*
- *Deixar de assumir a responsabilidade total sobre os resultados finais.*
- *Insistir com relação a determinado produto, tecido ou fabricante.*
- *Estourar o orçamento gastando com acessórios não essenciais ao projeto.*

11. A quem pedir que me lembre de minha responsabilidade e da palavra dada?

A Gary.

12. Quais serão as conseqüências de qualquer desvio do planejamento?

- *Um forte desgaste durante os próximos nove meses.*
- *Prazo esgotado e casa inacabada.*
- *A impossibilidade de mudar para a casa nova no prazo especificado.*
- *Estouro do orçamento e falta de dinheiro para concluir as obras.*
- *Muitas noites passadas em claro.*
- *Doenças e mal-estares por causa do cansaço e do estresse.*
- *A impossibilidade de desfrutar uma vida melhor.*
- *Ressentimento e raiva por não ter feito o que me propus.*
- *Criação de tensão desnecessária e de conflitos com Gary.*
- *Privação da alegria e do prazer de construir o lar dos meus sonhos.*

13. Que recompensas terei por seguir meu plano e atingir meu objetivo?

- *Uma casa linda onde minha família poderá viver, amar e crescer.*
- *Um refúgio encantador onde Gary e eu poderemos nos aconchegar todos os dias para recompor as energias.*

- *Um espaço bonito onde nossos amigos e parentes passem momentos agradáveis compartilhando o carinho e o calor que habitam nosso coração.*

No mesmo instante em que passei meu plano para o papel, eu me senti tranqüila e segura. Todas as preocupações que perturbavam minha mente e a ansiedade que roubava minha paz desapareceram.

Ainda que não tivesse todas as respostas necessárias para realizar meu planejamento com facilidade e alegria, tudo já estava esquematizado diante de mim na forma de um plano de ação nítido, dividido em etapas. Em vez de ficar sobrecarregada e ansiosa, agora eu sentia calma e equilíbrio e tinha a certeza de que poderia seguir adiante com toda a energia.

Quando você sabe que direção seguir e como agir, recebe um presente: a certeza. Isso proporciona uma sensação de paz e auxilia a tomada de decisões claras e precisas. Além disso, ao acordar pela manhã, você sempre poderá consultar seu plano em vez de guiar-se pelas emoções ou pela confusão de pensamentos de sua mente inquieta.

Um plano de ação permite que você veja o que há para fazer todos os dias, atingindo com mais rapidez seus objetivos. A clareza e a certeza desses objetivos lhe darão a capacidade de agir com segurança e presteza, chegando assim rapidamente ao ponto almejado. A certeza é um estado de espírito que promove atitudes corretas.

Para realizar o sonho do melhor ano de sua vida, é preciso raciocínio e introspecção. Você não prepara as melhores férias de sua vida sem reservar tempo para considerar vários aspectos: aonde quer ir, como chegar lá, o que fazer, quanto tempo ficar, com quem ir, o que levar e que recursos seriam necessários durante a viagem.

O sonho do melhor ano de sua vida, na verdade, não é muito diferente do planejamento de férias maravilhosas. É preciso tempo, um plano de ação, algumas decisões e uma série de outras aptidões. Para isso, você deverá salientar exatamente as modificações que terá de fazer e as estruturas necessárias para empreender essa tarefa. Deverá também saber o que é preciso para manter seu sonho no nível consciente de modo que, depois de seis meses de estrada, você não esqueça seus objetivos.

Sem uma estrutura precisa e bem elaborada para ajudá-lo a fazer as mudanças com as quais se comprometeu, talvez você não consiga executá-las. Seu sonho deve estar baseado em um plano de ação bastante claro cujas etapas fiquem bem discriminadas.

Um plano de ação sólido produzirá resultados quantificáveis, evitando que você recaia nos padrões já conhecidos do passado. Ele servirá como incentivo para que se desvie dos buracos da estrada e auxiliará você a evitar os becos sem saída. Mas é necessário um comprometimento real com seu plano para utilizá-lo verdadeiramente como guia caso esteja mesmo decidido a chegar ao destino.

Nas próximas seções, vou guiá-lo pelas etapas necessárias, que o ajudarão a desfrutar seu sonho do melhor ano de sua vida.

Como estabelecer suas metas

Um dos efeitos de nossa cultura, voltada para a satisfação dos desejos e as realizações, é o de que parece haver muita confusão sobre o que significa, na verdade, uma meta. Quase todos já tivemos aulas ou lemos livros e artigos que falam sobre o estabelecimento de metas. Muitos a quem dou treinamento afirmam ter metas nas quais estão trabalhando, porém, após um exame mais detalhado, percebem que na verdade alimentam um sonho ou se desviam do caminho levados por uma fantasia. Seu desejo não está nitidamente definido. Assim, não há como saber se, algum dia, atingirão suas metas. Mais importante ainda é o fato de não terem um plano específico para garantir seu empenho em ações coerentes e produtivas, necessárias à realização de seus sonhos.

Se um sonho é uma visão completa de nossa vida como queremos que ela seja, o processo de estabelecer metas e etapas se define através dos caminhos que nos conduzirão desde o cultivo das sementes de nossos desejos até a realização de nossos sonhos. O estabelecimento de metas e sua divisão em etapas – que são os pontos de referência de nosso progresso – fazem parte de uma ação clara e eficaz que visa a mudanças produtivas.

Embora esses procedimentos pareçam uma tarefa rotineira, comum e enfadonha – em comparação com expectativas mais fascinantes, como o prazer de desfrutar a vida de seus sonhos –, eles são, na realidade, a peça mais importante do esquema. Imagine-os como os desenhos e os planos feitos para construir exatamente aquilo que você mais quer. Ninguém tentaria erguer a casa de seus sonhos sem planejá-la antes. Assim, por que você acreditaria ser possível construir a vida de seus sonhos igualmente sem planos?

As metas, como as etapas de ação bem elaboradas e executadas, nos dão sustentação e fornecem uma das bases mais fascinantes e acessíveis de nossa vida – um método confiável para chegar aonde queremos. Essa é, de fato, uma aventura que nos estimula e fortalece à medida que enfrentamos e superamos nossas atuais limitações. Pense nisso: *o que poderia ser mais emocionante do que a recordação do ano que passou e o reconhecimento de que você fez progressos significativos na direção de seu sonho enquanto se transformava, mais e mais, na pessoa que sempre desejou ser?*

Para serem de fato úteis e eficientes, nossas metas precisam conter determinadas características e passar por alguns testes essenciais. Sem essas características, resta-nos confiar nos caprichos do destino para obter o que desejamos ou enganar a nós próprios acreditando que estamos progredindo, quando, na verdade, continuamos estacionados no mesmo lugar. Vejamos cada uma dessas características:

- ***Primeira:*** *a meta deve estar* explicitamente *estabelecida, ou seja, você deve declarar o que deseja obter de maneira exata, clara, concisa e facilmente compreensível.*
- ***Segunda:*** *a meta deve ser* mensurável. *Você deve quantificá-la de modo objetivo para que, ao atingi-la, não reste dúvida de ter realizado o que pretendia.*
- ***Terceira:*** *a meta deve ser cumprida dentro de um* prazo. *Você precisa decidir quando começará a trabalhar nela e a data em que a atingirá.*

• ***Quarta:*** *a meta deve ser* realista, *ou seja, é preciso que exista grande possibilidade de atingi-la realmente.*

• ***Quinta:*** *você é que precisa* ter a capacidade *de atingir sua meta. Para alcançá-la, não deve contar com "uma boa parcela de sorte" nem com "a intervenção divina", muito menos deve depender de outra pessoa.*

• ***Sexta:*** *para cumprir sua meta, você precisa de um* plano – *uma estrutura detalhada que abranja, passo a passo, as ações, os recursos, as aptidões e os apoios necessários para essa realização.*

Vou apresentar agora o exemplo de uma meta específica, mensurável, realista e dotada de um plano para facilitar sua realização:

A meta de Kelly: perder onze quilos e voltar ao peso ideal.

Como saber quando a meta se cumpriu? Kelly estará com 59 quilos e poderá usar, com folga, roupas de tamanho médio.

Quando começar a trabalhar na meta e quando atingi-la? Começar em fevereiro próximo e cumpri-la dentro de seis meses, ou seja, em agosto.

Qual é o plano para atingir essa meta?

1. Contratar, no primeiro dia de fevereiro, um profissional para assisti-la na criação de uma dieta alimentar adequada e para ajudá-la a manter sua palavra.

2. Cortar o consumo de açúcar, de bebidas alcoólicas e da maioria dos laticínios.

3. Só se alimentar quando realmente sentir fome. Nada de comer durante as horas de trabalho nem quando estiver emocionalmente perturbada.

4. Preparar as próprias refeições pelo menos cinco vezes por semana.

5. Praticar exercícios físicos cinco vezes por semana durante pelo menos uma hora.

Como incentivo, sugiro que você escolha metas que, uma vez cumpridas, poderão transformá-lo radicalmente e torná-lo irreconhecível até para si próprio.

A priorização de suas metas é obrigatória. Você deve evitar a armadilha do excesso de projetos, pois acabará falhando na realização de alguns deles. Priorize duas metas que, uma vez realizadas, convençam você de que viveu, de fato, um ano fora de série. Elas o ajudarão a consolidar sua autoconfiança para cumprir todos os demais objetivos.

Devemos estar motivados para trabalhar por nossas metas e investir tempo e energia em sua realização. Considerando que nossos sonhos precisam incentivar e evocar sentimentos bons e sólidos, as metas não têm necessariamente a mesma conotação. De modo geral, a própria meta pode inspirar e produzir emoções positivas, mas a motivação surge simplesmente quando reconhecemos que nossa busca nos levará, aos poucos, à realização de nossos sonhos. Como o escritor americano Henry David Thoreau disse certa vez: ***"Se você construiu castelos no ar, seus sonhos não podem perder-se; é lá que eles devem ficar. Ponha, agora, alicerces debaixo deles".***

Você quer mesmo viver o melhor ano de sua vida? Então

Faça isto:

1. Identifique duas metas que você pode estabelecer em sua vida e que o ajudarão a realizar seu sonho e a tornar-se a pessoa que deseja ser.
2. Anote-as após certificar-se de que são realistas, mensuráveis e específicas.
3. Relacione as aptidões e os recursos que você já tem para auxiliá-lo na realização dessas metas.
4. Relacione também as qualidades que precisará desenvolver ou adquirir para atingi-las.

Como criar uma base para o sucesso

Assim que estabelecer suas metas e elaborar um cronograma que especifique o prazo em que serão cumpridas, você poderá passar à criação das estruturas que vão garantir seu sucesso. Elas permitem um trabalho objetivo em favor de seus sonhos para que você possa alcançá-los com eficiência.

Define-se "estrutura" como um sistema auxiliar que criamos no mundo externo para nos ajudar a administrar nosso tempo e nossas tarefas. Os planos de ação, por exemplo, consistem de estruturas que nos incentivam a manter nossos sonhos em foco. Agendas, horários, treinadores, amigos e todos os que nos chamam à responsabilidade podem ser considerados como estruturas que nos auxiliam a administrar e acompanhar nossas ações.

Embora seu conceito pareça prosaico, enfadonho e até dispensável, as estruturas, na verdade, são estimulantes, pois nos ajudam a executar o que desejamos fazer. Quantas vezes você já teve uma idéia brilhante, uma inspiração ou a pretensão de realizar alguma coisa que faria enorme diferença para todos – você, sua família, sua comunidade – e, embora tenha começado, nunca terminou essa empreitada ou nem sequer deu os primeiros passos para torná-la realidade?

Sem estrutura, é pouco provável que você realize seu sonho ou obtenha bons resultados. Para os que evitam elaborar estruturas em alguns momentos da vida, digo que talvez se sintam ameaçados ou se rebelem. Sua resistência à estruturação pode manifestar-se como uma espécie de pressão no peito, uma sensação de desconforto no estômago ou um desejo mal reprimido de liberdade. Trata-se, no entanto, da ocasião propícia para enfrentar esse lado que lhe nega o direito de atingir suas metas. Está na hora de dizer a verdade sobre seus antigos objetivos que morreram ao nascer por falta de estruturação adequada.

Uma estrutura sólida pode fornecer as etapas concretas que nos conduzirão de forma clara e irresistível à vida que sempre sonhamos. Quanto maior o desejo, maior a importância de fazer um plano bem elaborado e cuidadoso, além de um cronograma com etapas de ação especificadas. A estrutura, mais que qualquer outra coisa, é o elemento transformador de desejos em metas e de sonhos em realidade.

Assim como as metas, a estrutura precisa ser realista, exeqüível e claramente estabelecida. Precisa também ser flexível e deixar espaço para ocorrências inesperadas. Todos nós passamos por dias em que sentimos preguiça, falta de inspiração ou um cansaço que não nos permite cumprir as atividades normais de rotina. O conformismo pode infiltrar-se aos poucos e destruir nossos planos mais bem elaborados se não abrirmos espaço em nossa estrutura para os momentos de frustração, de preguiça e de teimosia. São condições que fazem parte da realidade, e dificilmente conseguiremos evitá-las.

Sugiro, portanto, que faça planos também para esses dias de baixo-astral. Inclua-os em sua estrutura e em sua agenda mensal. Você, logicamente, desejará decidir os dias em que se permitirá essas “fraquezas”, conforme o ritmo de sua vida ou o estágio em que seu plano se encontrar. Assuma o compromisso de desfrutar, ou ao menos aceitar, esses dias inglórios. Imagine como se sentirá aliviado ao se permitir um "dia da tristeza". Se não gostou da idéia de "tristeza", chame-o de "dia do aborrecimento", "dia do mau humor" ou "dia improdutivo". Será muito mais fácil sobreviver a esses dias de baixo-astral se, em vez de se punir, você os receber com naturalidade, aceitando-os por inteiro e permitindo-se experimentá-los por completo.

Talvez pense que, ao dar guarida a essas emoções, correrá o risco de estabelecer um padrão de tolerância para si mesmo. Ocorre, na verdade, justamente o contrário: quando você se entrega a determinada emoção e a aceita, algo mágico acontece e, de repente, essa emoção se dissipa. Somente quando resistimos e lutamos contra as emoções ou imaginamos que não deveriam existir é que elas ganham força e nos dominam (ou nos assustam).

Costumo escolher três ou quatro dias de baixo-astral por mês e começo a fazer um gráfico de meus humores. Esses dias ruins podem ser apenas um aviso da necessidade de novas mudanças ou de limites mais fortes. Em vez de enfrentá-los, o que em geral não adianta nada, tento prestar atenção neles e ver aonde querem me levar. Sem espaço para respirar nem flexibilidade para acomodar algumas mudanças, uma estrutura pode tornar-se esmagadora ou sufocante.

Uma boa estrutura deve incentivar e motivar. Deve ser parecida com um forte aliado, e não com um chefe cruel.

Uma das maneiras de evitar que sua estrutura se volte contra você é certificar-se de que não fez planos demais nem assumiu um número excessivo de tarefas. Por isso sugeri que escolhesse apenas duas metas para o ano em vez de quatro ou cinco. Se você conseguir realizá-las antes que o ano termine, poderá então escolher outras duas.

Um plano exagerado é, sem dúvida, um convite ao fracasso. Ele derrota justamente a finalidade para a qual foi criado. É muito fácil entusiasmar-se depressa e render-se ao impulso de assumir todas as etapas de uma só vez. A criação do melhor ano de sua vida, no entanto, demanda preparo para a vitória. Para conseguir isso, você precisa concentrar-se naquilo que, de fato, tem importância.

Ainda não está seguro de que a elaboração de uma estrutura para alcançar sua tão sonhada meta vale o tempo e a energia investidos? Permita-me então oferecer um pequeno incentivo. É uma história real que contarei a seguir:

Durante quatro anos, Nancy, uma de minhas alunas, adiou a tarefa de lidar com os impostos que teve de assumir quando abriu o próprio negócio. Sem nunca ter parado para equacionar o problema em uma estrutura gerenciável por etapas, via a situação como uma tarefa imensa e intransponível que jamais conseguiria resolver. Aquilo drenava consideravelmente sua vitalidade, seu amor-próprio e, em última análise, sua carteira.

Por fim, após anos de luta consigo mesma, ela estabeleceu a meta de livrar-se de suas dívidas em doze meses. Criou uma estrutura, estabeleceu etapas e um plano específico para garantir que não sairia dos trilhos. Obteve de seu contador e consultor de impostos as orientações necessárias e arranjou tempo para segui-las. Como es-

sas orientações faziam parte de sua agenda, Nancy tinha um cronograma específico, que obedecia ao pé da letra, para reunir todos os cálculos e documentos necessários. Solicitou a ajuda de uma amiga, a quem admirava por ser ótima para lidar com dinheiro e finanças, e pediu a ela que lhe cobrasse a responsabilidade de cumprir tudo o que prometera fazer.

Embora se tratasse de um processo complicado, Nancy permaneceu fiel a sua estrutura e obedeceu a todas as etapas de seu plano. Em três meses, deu uma reviravolta na situação com um esquema de pagamento que a livraria do débito em dez meses. Agora tem orgulho de seu feito, além de estar confiante para buscar outros sonhos mais ousados.

É assim que funciona uma boa estrutura, que existe, aliás, para lhe dar apoio e manter você equilibrado mesmo nas situações mais dispersivas. Uma estrutura bem-feita garante sua permanência no caminho que o levará diretamente ao sucesso.

Você quer mesmo viver o melhor ano de sua vida? Então

Faça isto:

É hora de criar uma estrutura que o ajude na realização de suas metas. Torne-a um processo criativo e divertido. Afinal de contas, você está para desenvolver um esquema que vai ajudá-lo a viver o melhor ano de sua vida. O que pode ser mais divertido? Use as perguntas apresentadas abaixo como guia de criação de sua estrutura de sucesso (responda-as por escrito e com o maior número possível de detalhes):

1. Qual é meu maior sonho?
2. Quais são as duas metas que me ajudarão a conquistar esse sonho?
3. Em que prazo quero atingir essas metas?
4. Qual é a abrangência exata de cada meta? O que será necessário fazer para realizá-las?
5. Quais são as etapas importantes para o cumprimento dessas metas?
6. Em que prazo quero atingir cada etapa?
7. Que aptidões eu já tenho para ajudar-me a atingir essas metas?
8. Que aptidões eu preciso desenvolver para atingir essas metas?
9. De que tipo de auxílio ou incentivo terei necessidade?
10. Qual será o tempo, diário ou semanal, de que precisarei para seguir meu plano?
11. Como encaixar esses compromissos em minha agenda?
12. Quais são os becos sem saída que devo evitar?
13. A quem pedirei para lembrar-me de minha responsabilidade de manter a palavra dada e de permanecer nos trilhos?
14. Quais serão as conseqüências se eu não obedecer a meu plano?
15. Quais serão as recompensas se eu obedecer a meu plano e alcançar minhas metas?

Veja a disciplina como sua aliada

Estrutura sem disciplina é, sem dúvida, inútil. Quem junta um plano bem elaborado a uma estrutura bem organizada e esquece tudo logo em seguida comete o mesmo erro da pessoa que verifica no mapa a estrada que a levará de um estado a outro e, em lugar de manter o mapa à mão para saber como chegar, dobra-o e guarda-o no porta-luvas do carro sem consultá-lo novamente. Em vez de seguir conforme as indicações do mapa, escolhe qualquer rodovia que lhe pareça interessante para, já no meio da noite, encontrar finalmente seu destino. Não recomendo essa atitude. Acredite: não funciona.

O que precisamos cultivar para garantir o sucesso é a autodisciplina. Por definição, disciplina significa o treinamento que produz aprimoramento moral ou mental. Tem como função trazer ordem para nossa vida. No mais alto grau, a disciplina é capaz de nos conduzir ao mais completo autocontrole. Ela é o maior dos presentes que podemos dar a nós mesmos: ajuda-nos a permanecer fiéis ao que realmente é importante e nos dá a certeza de que atingiremos nossa meta.

Para muitos, porém, o medo da disciplina representa um dos maiores obstáculos ao sucesso na busca do melhor ano de sua vida. Muitas pessoas, com receio de ser reprimidas, limitadas ou controladas, resistem ferozmente à disciplina. Deixam que a criança rebelde que habita seu íntimo assuma as rédeas e conduza sua vida sob o clássico lema: "Ninguém manda em mim".

A maioria das pessoas não percebe, porém, que o medo da disciplina nos faz vender nossa alma e perder o direito a nossos sonhos. Comparamos a disciplina a um carcereiro, e não a um salvador, reprimindo-nos em vez de nos permitir a habilidade de seguir um plano de ação específico que nos fará chegar aos resultados que desejamos. Cremos que disciplina seja sinônimo de trabalho duro e a consideramos inibidora de nosso direito à liberdade.

Talvez você se pergunte: "Podemos ser disciplinados demais?" A resposta é sim. Podemos, é claro, exagerar em qualquer aspecto. Se esse de fato for seu problema, sinta-se à vontade para pular esta página e passar adiante. Para a maioria das pessoas, contudo, só o oposto é verdadeiro. Usamos a disciplina, muitas vezes, em áreas de nossa vida que vão bem, mas a deixamos de lado quando mais precisamos dela.

Se não tomarmos as atitudes necessárias, muito provavelmente vamos fracassar em nossos intentos. Quando adiamos a execução das tarefas que estão à nossa espera, ficamos estressados, cansados e desanimados. Quase todos nós, porém, postergamos para amanhã o que poderíamos fazer hoje, embora continuemos a sofrer as conseqüências disso. Evitamos a conclusão de uma tarefa ou a resolução de assuntos urgentes esperando que as coisas se ajeitem sozinhas.

Esse comportamento, todavia, tem um custo muito alto. Adiamos nossos planos, postergamos nossos sonhos e escorregamos no abismo da negação. Eis um jogo bastante monótono. Mais desanimador ainda é o fato de que ele não resolve nada. Se o fizesse, teríamos tudo aquilo que afirmamos desejar. Mas, em vez disso, continuamos protelando nossa felicidade, deixando para amanhã tudo o que grita – hoje – por nossa atenção.

O vício do adiamento é a doença de nosso tempo. Uma síndrome que suga nossa energia, enfraquece-nos e rouba nossos sonhos, nosso amor-próprio e nossa paixão. A disciplina é a única maneira de nos livrarmos desse padrão de auto-sabotagem. Não se pode argumentar com a disciplina. Não se pode persuadi-la nem manipulá-la. Ela não pergunta como você se sente nem ao menos pede sua opinião.

A voz da disciplina diz: "Esse é o plano de ação. Eu disse que o faria, portanto é o que farei". A disciplina não liga para o que você pensa (desculpe, não é nada pessoal). Não está nem um pouco interessada em suas desculpas, só dá importância ao seu sucesso. Precisamos abandonar a ilusão de que a imobilidade é uma escolha. Devemos nos libertar de todos os padrões de diálogo interno que pretendem nos desviar de nossa direção e atrapalhar o cumprimento de nossas metas.

As pessoas se lamentam: "É muito difícil!" Mas não é difícil! Difícil é conviver consigo mesmo quando você não faz o que se propôs fazer. A realização do trabalho e a disciplina de cumprir cuidadosamente suas metas são o caminho mais fácil em comparação à frustração de desejar alguma coisa e não fazer absolutamente nada para consegui-la enquanto o tempo passa. *Isso* é difícil. Difícil para sua auto-estima, difícil para seu moral, difícil para seu coração e muito difícil para as pessoas próximas de você. Basta perguntar a alguém que já pagou seu preço por adiar tudo na vida.

Carla costumava recuar sempre que entrava no quarto de seus dois filhos pequenos. A visão de caixas repletas de brinquedos, de prateleiras transbordantes de livros e de armários entulhados de roupas que já não serviam dava-lhe sempre uma sensação de desamparo. Cada vez que via aquela montanha aumentar, dizia a si mesma que arrumaria tudo qualquer dia, quando tivesse mais tempo. Carla chegava mesmo a temer os aniversários e outras datas festivas, pois sabia que não haveria espaço para nenhum outro livro, brinquedo ou objeto.

Certo dia, ela percebeu que não agüentava mais pagar o preço de sua mania de protelação. No sábado seguinte, marcou no calendário: "Dia da limpeza do quarto das crianças". Em seguida, pediu ao marido que saísse com os filhos durante o dia todo para que ela não se atrasasse em sua tarefa. Fez uma lista de todos os objetos necessários para concluir seu projeto, de caixas a cabides adicionais, e prometeu presentear-se com um CD de sua preferência para tornar seu trabalho um pouco mais agradável. Passou o sábado inteiro arrumando o quarto dos filhos e descobriu que, no final do dia, tinha mais energia do que pela manhã, quando iniciara a tarefa.

Carla sabe agora que tem disciplina para executar qualquer tarefa que se proponha, e isso se transferiu para outros aspectos de sua vida.

Esse tipo de resultado está ao alcance de todos nós se decidirmos ser disciplinados e organizados em nossas tarefas.

É fácil enganar a nós mesmos acreditando que, sem plano nem estrutura, teremos mais liberdade. Só o oposto é verdadeiro. Até traduzir os desejos de nosso coração em um plano de ação específico e até reunir a disciplina necessária para obedecer ao plano traçado, permaneceremos prisioneiros de nosso hábito de adiar tudo. A protelação é inimiga da disciplina. A autodisciplina é o caminho mais curto para a liberdade.

Você quer mesmo viver o melhor ano de sua vida? Então

Faça isto:

1. Reflita sobre a forma como você tem resistido à disciplina e calcule quanto isso lhe custou até agora.
2. Faça uma lista de todas as suas tentativas fracassadas de realizar alguma coisa sem disciplina.
3. Escreva uma lista do que será possível fazer se você elaborar um plano para viver o melhor ano de sua vida e adotar a autodisciplina para segui-lo fielmente.

Entre em ação

Certa vez, li em um cartaz: “Para atingirmos nossas metas, às vezes precisamos correr a favor do vento, às vezes contra ele. Jamais devemos ficar parados”.

Tudo se resume à ação, que é um fator de propulsão. Podemos comparar as ações concentradas que nos levam na direção de nossas metas à sensação de estar ao volante de um carro esporte e pisar fundo no acelerador. Quando agimos de forma precisa e planejada, sentimos a incrível emoção de realizar nossos desejos. Experimentamos uma força poderosa, que eleva nosso espírito e nos impulsiona cada vez mais à frente.

A energia da ação exige a expressão vigorosa de nossas melhores qualidades. Ela nos faz utilizar nossos recursos latentes – que ficam adormecidos dentro de nós quando estamos sem direção, ociosos e improdutivos. As ações corretas nos permitem ver oportunidades até então ocultas e nos ajudam a seguir, firmes, no rumo do futuro que desejamos.

O escritor W.M. Lewis afirmou: “A tragédia da vida não é o fato de que ela acaba tão cedo, e sim nossa atitude de esperar tanto para iniciá-la”.

Muitas pessoas desperdiçam sua energia vital falando sobre a vida maravilhosa que querem ter ou deveriam ter. Isso é ótimo, mas não nos leva ao melhor ano de nossa vida. Esse tipo de discurso não nos incentiva nem nos traz êxito, tampouco a realização a que tanto aspiramos.

Hoje em dia, cada um escolhe como vai utilizar os recursos que possui. Cada um decide se suas atitudes o conduzirão adiante ou o manterão preso ao passado. Cultivar um sonho e não fazer nada para realizá-lo é, ao mesmo tempo, desanimador e cruel. Quando abandonamos nossos desejos, eles nos agridem e, em vez de nos dar entusiasmo, paixão, felicidade, realização e satisfação, roubam nossa auto-estima, nossa coragem e nossa fé, além de alimentar nossa insatisfação.

Quando entramos em ação para concretizar nossos desejos, quando nosso comportamento constante e equilibrado nos aproxima das metas que estabelecemos para nossa vida, esses desejos se tornam fonte de inspiração e paixão.

Quando temos convicção de estar na trilha certa para a conquista de um futuro inspirador, gostamos de pensar, e de falar, sobre nossas metas, pois sabemos que nos encontramos no caminho de sua realização.

Quando entramos em ação para concretizar nossos desejos, temos fé para prosseguir e criar sonhos ainda maiores que nos permitam estabelecer metas mais altas – e atingi-las. Nossos desejos atuam, assim, como combustível, dando-nos incentivo e motivação para seguir uma visão mais ampla de nós mesmos.

Você quer mesmo viver o melhor ano de sua vida? Então

Faça isto:

1. Examine cuidadosamente a estrutura que você criou para manter-se no caminho da realização de suas metas.
2. Se ainda não fez isso, marque um prazo específico para cumprir cada etapa importante de seu planejamento.
3. Identifique as ações semanais necessárias para garantir o cumprimento da primeira etapa.
4. Em seguida, ponha-as em prática. Entre em ação!

Viva

Não pergunte a si mesmo do que o mundo precisa.
Pergunte o que torna você satisfeito.
Porque o mundo precisa de pessoas satisfeitas.

— HAROLD WHITMAN

SETE

Integridade impecável

Como podemos ter certeza de que seguiremos adiante na estrada que conduz ao melhor ano de nossa vida mesmo nos dias em que ficarmos tentados a mudar subitamente de rumo? O que nos ajudará a garantir que nossas ações diárias serão coerentes com esse sonho? A resposta é simples: devemos viver de forma íntegra.

A integridade impecável forma os alicerces de uma vida de sucesso. Ela é o sustentáculo, a espinha dorsal e a estrutura que nos permitem os maiores esforços e nos capacitam a fazer escolhas diárias condizentes com nossa verdade mais profunda.

Quando vivemos segundo a integridade pessoal, nós nos mantemos ligados a nossa essência, alinhados com nosso compromisso e nos enchemos de autoconfiança. Quando agimos com integridade impecável, todos os aspectos da vida se tornam reflexos de nossos maiores sonhos e de nossos valores mais profundos. Os comportamentos, as ações e as escolhas que revelamos têm coerência com o papel que desejamos desempenhar no mundo. Não podemos construir uma vida rica e cheia de recompensas sem uma base sólida de integridade.

Muitos deixam de agir de acordo com a própria integridade por medo de que o caminho honesto não lhes traga o amor, o dinheiro, a segurança nem o sucesso que almejam. Acreditam que, para ser bem-sucedidos, devem aparentar uma vida abastada – e assim gastam muito além de seus recursos financeiros. Outros acham necessário acumular muito dinheiro e não acreditam que um caminho de honestidade os leve a isso – e, desse modo, optam pela trapaça. É provável que, no meio de um acordo de negócios, tenham receio de que o sucesso escape de seus dedos e exageram ou mentem para assegurar o fechamento do contrato. Outros ainda talvez não confiem em sua criatividade e, assim, reivindicam a posse de idéias que não lhes pertencem.

Com atos aparentemente inconseqüentes como esses, inicia-se um círculo vicioso. Nossos receios se transformam nos ditadores de nossas ações, enquanto nossa integridade fica anulada. Esse comportamento tem alto preço: arranca-nos da estrada do sucesso e nos desvia para uma trilha longa e sinuosa de lutas e de estresse. Sempre que mudamos repentinamente de rumo e saímos da linha da integridade e todas as vezes que damos uma desculpa para justificar uma atitude menos digna, nós nos afastamos de nossa essência mais profunda e desistimos de nosso direito ao sucesso e à realização.

É possível constatar, no mundo todo, os resultados dessa troca de integridade por dinheiro, sucesso e prestígio. Podemos ver também o custo que as pessoas pagam pelo abandono da própria honestidade para tentar obter o que de fato não lhes pertence.

Assim como o crime não compensa, os delitos que cometemos também não valem a pena. É um ato criminoso a traição de nosso mais alto potencial em troca de uma sensação momentânea de bem-estar ou de uma vantagem nitidamente ilusória. A integridade impecável será nossa maior aliada. Basta que lhe demos uma chance. Ela elevará nosso espírito e nos ensinará, dia após dia, a desenvolver a confiança e o amor-próprio – instrumentos de grande valia no caminho do melhor ano de nossa vida.

Quando nossas atitudes são coerentes com nossa integridade, ficamos sintonizados com todos os nossos recursos e instintos, capacitados a fazer escolhas mais vigorosas e inovadoras que nos conduzirão diretamente ao sucesso. Atuamos com naturalidade, baseados em nossa essência mais profunda, e permanecemos em contato com nossa verdade. Ela nos guia na direção de idéias, pessoas e situações propícias e necessárias à criação do êxito que almejamos.

Por outro lado, se agirmos em oposição a nossa integridade, estaremos em luta constante pela busca de sentido e de realização na vida. Cairemos na armadilha da cobiça e da ambição, que nos fazem perseguir o sucesso a qualquer custo, em vez de agir de modo coerente com nossos desejos e objetivos. Vou apresentar abaixo um exemplo disso:

Meu amigo Derek é um homem brilhante, sábio e culto que saiu de casa, na Inglaterra, e foi viver nos Estados Unidos quando tinha pouco mais de 20 anos. Como seu pai e suas duas irmãs, ele tem talento para investimentos e imóveis. Desde cedo, entretanto, afastou-se dos negócios da família em busca de uma carreira mais significativa na área de saúde. Quinze anos depois, quando o conheci, Derek ainda batalhava pelo emprego de seus sonhos e pela descoberta de seu verdadeiro lugar no mundo.

À medida que nos conhecíamos melhor, mantínhamos conversas mais e mais profundas sobre saúde, psicologia e cura. Qualquer que fosse o tema de nossos diálogos, contudo, sempre acabávamos discutindo sobre negócios, investimentos e mercado imobiliário. Ele possuía uma mente brilhante para os negócios, e eu sempre aprendi muito ouvindo seus pontos de vista. Para mim, parecia estranho que Derek investisse tanto tempo e tanta energia no aprendizado das artes da cura, uma vez que tinha tamanho talento para os negócios.

Um dia sugeri, inocentemente, que seu verdadeiro propósito era a construção de uma carreira não na área de saúde, e sim nos negócios. Fui ainda mais longe e lhe disse que talvez devesse voltar à Inglaterra durante alguns meses para verificar se lá havia oportunidades profissionais para ele. Derek saiu desse encontro bastante frustrado e surpreso. Nos dois anos seguintes, passou de um consultório a outro, de uma especialidade a outra, até enfim considerar a possibilidade de que não era fiel a seu maior talento, de que não agia com lealdade para com a pessoa que ele de fato era e que talvez tivesse escolhido a direção errada.

A morte repentina do pai o levou de volta à Inglaterra por alguns meses, e foi lá que Derek descobriu que tentava, de fato, viver de forma incoerente com sua maior verdade. Retornou aos Estados Unidos, fez as malas e hoje vive em sua terra natal administrando uma carreira muitíssimo bem-sucedida no ramo imobiliário.

A maioria das pessoas passa boa parte do tempo negando e ocultando a própria verdade sem sequer admitir que alguma coisa não vai bem. Quase sempre preferimos fingir que tudo dará certo e avançamos, com dificuldade, em todos os aspectos da vida.

Os assuntos referentes a nossa integridade são, em geral, óbvios para todos, menos para nós, pois quase sempre preferimos continuar a ignorá-los. Tornam-se, entretanto, obstáculos que ficam no caminho. O custo da opção por óculos de lentes cor-de-rosa e da fuga das questões referentes à integridade é alto. Em vez de fazermos prosperar nossos empreendimentos realizando os desejos de nosso coração para ficar bem conosco mesmos, vivemos, ano após ano, perseguindo velhos sonhos e tentando encontrar a felicidade e o sucesso da forma errada.

A falta de coerência drena sua energia e o desvia de suas metas. Se você já guiou um carro desalinhado, sabe que ele treme, oscila e pende para a esquerda ou para a direita. Torna-se impossível relaxar e apreciar o trajeto porque é preciso redobrar a atenção na estrada. Você fica ansioso pelo que pode acontecer se não dirigir com a devida atenção. Preocupado com a segurança, você se agarra ao volante, incapaz de conduzir o automóvel com tranqüilidade e confiança.

Isso vale também para os momentos em que você tem consciência de estar agindo de forma incoerente. Apóia-se em ilusões que não dão resultado, esquecido de que o sucesso é fácil e prazeroso. Comparadas as alternativas, uma vida de integridade impecável é, na verdade, a estrada mais fácil a seguir. Você talvez acredite que deve continuar com suas desculpas, justificativas e fantasias, que o poupam do sofrimento e do desconforto. Bastaria, porém, admitir o tempo que perdeu batendo na mesma tecla para se dar conta do prejuízo que representa a negação da própria capacidade.

Todos podemos nos desviar de nossa linha de integridade, mas eu lhe garanto: quaisquer que sejam os problemas que nos atormentam – financeiros, profissionais, de relacionamento ou de saúde –, isso não nos livrará deles. Podemos tentar escapar pelo desvio que quisermos, podemos continuar evitando o confronto, mas nossas eternas questões voltarão à tona, ano após ano, acompanhadas de mais sofrimento, frustração e arrependimento, decorrentes da negação de nossa essência.

Quando agimos com integridade e quando nossas escolhas e ações são coerentes com nossos valores mais verdadeiros, nossos desejos se realizam naturalmente.

Como criar âncoras de integridade

Uma das formas de garantir a realização de seus sonhos é a criação daquilo que chamo de ***âncoras de integridade***. Trata-se de práticas elaboradas com a finalidade de mantê-lo assentado na realidade e concentrado em suas metas e seus objetivos. Essas práticas lançam luz no que é mais importante para você. Imagine que elas podem ancorá-lo, com segurança, em sua intenção de viver o melhor ano de sua vida.

As âncoras de integridade são práticas regulares que ajudarão você a ficar em paz com sua essência e a permanecer ligado a seu sonho. Elas, naturalmente, variam de pessoa para pessoa, conforme as metas, os objetivos e os sonhos de cada um.

Quando não agimos com integridade, nós nos sentimos inseguros e constrangidos. Experimentamos o estresse e o conflito interno, e nossa intuição nos alerta de que algo está errado. Sem âncoras de integridade que nos mantenham no curso, nossos receios, nossas dúvidas e a voz crítica do inconsciente comandam nossa realidade, enfraquecendo nosso equilíbrio e roubando nossa paz de espírito. Se não conseguirmos ser fiéis a nossos valores nem a nossos princípios morais, o sucesso e a felicidade se tornarão apenas miragens.

Jenna, uma de minhas grandes amigas, desejava uma vida familiar recompensadora e cheia de carinho. Ela sabia que, para atingir sua meta, precisava convencer-se do fato de que era uma boa mãe para seus três meninos. Não há nada mais importante para Jenna do que saber, no fim de cada dia, que seus filhos se sentem completamente amados por ela. Por isso, criou três âncoras de integridade que garantem o êxito de seu propósito:

1. Planejar, toda semana, um programa divertido com os garotos durante o qual possam rir, brincar e conhecer-se melhor.

2. Passar pelo menos três horas semanais exercitando-se na academia para manter a boa forma e ficar mais disposta durante os passeios com os filhos.

3. Destinar pelo menos meia hora semanal de convívio de alta qualidade com cada um dos filhos para ajudá-lo nos deveres de casa, ler ou simplesmente conversar.

No passado, Jenna se preocupava mais com sua carreira do que com a harmonia doméstica, que para ela era, de fato, mais importante. Cada vez que se afastava de sua linha de integridade e deixava o essencial em segundo plano, sentia-se triste e frustrada.

Devemos criar âncoras de integridade específicas para cada aspecto importante da vida. Pagar as contas no prazo, passar algum tempo com os filhos, dizer a verdade, alimentar-se bem, praticar exercícios, meditar, economizar para o futuro ou fazer trabalho voluntário – são exemplos de âncoras de integridade que nos mantêm ligados com aquilo que realmente importa. Imagine essas âncoras como pilares de força que nos ligam a nosso "eu maior" e a nossa sabedoria inata.

Quando identifica e escolhe suas âncoras de integridade, você se prende firmemente a ações, disciplinas e comportamentos diários vitais à realização do que de melhor a vida tem a oferecer.

A fidelidade às âncoras de integridade lhe dá coragem para pedir pelo que precisa. A auto-estima e o senso de valor se elevam. Quando sua integridade está intacta, você se sente abençoado por uma fé profunda de que suas necessidades serão atendidas e suas metas e seus desejos se realizarão com êxito. Você ganha a liberdade de ser totalmente sincero e a coragem de se deixar ver sabendo que não tem o que temer nem do que se desculpar.

A obediência às âncoras de integridade lhe permitirá acesso a todos os seus recursos internos, o que fará de sua pessoa uma inspiração para você próprio e para os outros. Não será mais necessário que o mundo exterior o valorize, pois você já fará isso naturalmente. E, o mais importante, você se sentirá digno de permanecer fiel à intenção de fazer deste o melhor ano de sua vida.

Você quer mesmo viver o melhor ano de sua vida? Então

Faça isto:

1. Volte a pensar no sonho de viver o melhor ano de sua vida. O que deseja realizar e como quer se sentir?
2. Crie em seguida duas âncoras de integridade que você possa praticar todos os dias para garantir sua permanência no rumo certo da realização de seu sonho.
3. Mantenha-se consciente de suas âncoras de integridade e torne-as parte de sua rotina diária.
4. Lembre-se sempre: viva com integridade.

OITO

Tudo depende do humor

Depois de treinar milhares de pessoas em todo o mundo, sinto-me autorizada a afirmar: o bem-estar interior e a satisfação conosco mesmos são os pré-requisitos mais importantes de uma vida melhor.

Em nossa sociedade, as pessoas sempre buscam, no mundo exterior, maneiras novas, melhores e diferentes de sentir-se bem e, com freqüência, esquecem ou menosprezam a importância do bem-estar interior. Devo, no entanto, afirmar que nossa maior aliada é uma boa e saudável auto-estima. Quando nos sentimos bem, irradiamos uma energia magnética inegável, que atrai tudo o que desejamos. Pensamos em alguém, e essa pessoa aparece como por obra de magia. Idéias e ações adequadas a nossos projetos surgem com facilidade. Nossos relacionamentos – até mesmo aqueles com os quais tivemos problemas no passado – tornam-se mais leves e agradáveis.

Quando amamos e respeitamos a nós mesmos, ganhamos confiança para lutar pelo que quisermos da vida. O sentimento de bem-estar nos permite desfrutar uma existência de realizações, sucessos e satisfações. Sentimos, com naturalidade, ser dignos de tudo o que há de melhor. Temos a capacidade de reconhecer que somos, simultaneamente, perfeitos e imperfeitos, mas aceitamos, de tempos em tempos, o fato de que também temos o direito de ficar melancólicos, desmotivados e dispersos.

Quando nossa auto-estima está saudável, reconhecemos nossas realizações, temos pensamentos reconfortantes e nos comportamos de modo a inspirar o amor-próprio. Quando nos sentimos bem, desistimos das expectativas fantasiosas e nos fixamos à realidade. Criamos limites salutares e assumimos somente as tarefas que podemos executar. Quando nos mantemos fiéis a nossas intenções e a nossos sonhos, encontramos tempo para deixar bem claro o que queremos e elaboramos um plano e uma estrutura para evitar eventuais desvios do caminho.

A sensação de bem-estar conserva o coração jovem, a mente saudável e o espírito forte. Quando a auto-estima é saudável, a habilidade de expressar todo o nosso potencial se eleva, e ganhamos confiança para lutar por tudo o que queremos da vida.

Como você talvez já saiba, é fácil sentir-se bem consigo mesmo quando tudo dá certo: sua conta bancária está em alta, as pessoas o tratam bem, sua carreira prossegue em ascensão, seus filhos são felizes e as contas estão pagas.

A tarefa mais difícil, contudo, é aceitar-se mesmo diante de suas imperfeições. Você é capaz de sentir-se bem ainda que se ache indigno, esteja inseguro ou assustado? Tem um conceito tão elevado de si mesmo que não fica decepcionado nem quando percebe a irritação ou a inveja entre suas emoções mais freqüentes? Não seria fantástico se você se aceitasse ainda que não conseguisse cumprir prazos nem jogar futebol com seu filho?

Enquanto nos julgarmos ou sentirmos vergonha, dúvida, conflito ou constrangimento em relação a nossa identidade, o sucesso e a felicidade serão uma simples ilusão e continuaremos a buscar no mundo exterior o amor e o respeito que não podemos dar a nós mesmos.

Uma das maiores verdades espirituais que posso compartilhar com você é esta: o mundo exterior é um espelho de nosso mundo interior, pois ele reflete de volta para nós, a cada momento, tudo aquilo que sentimos com relação a nós mesmos.

Em outras palavras, quanto melhor nos tratarmos, melhor as pessoas nos tratarão. Pode parecer surpreendente, mas é bem provável que você já tenha passado por isso. Pense numa ocasião em que alguma coisa negativa ocorreu. Talvez você estivesse triste porque alguém o abandonou ou ofendeu ou porque, de algum modo, alguém o magoou. Quem sabe aquela ocasião em que você estava sem dinheiro ou desempregado? Pense no estado de espírito e na energia que o envolviam nesse período. Talvez tenha percebido que, por se sentir mal intimamente, passou a atrair pessoas, experiências e situações que refletiam, ainda com maior intensidade, essas emoções negativas.

O mesmo vale para os momentos em que nos sentimos bem. Pense numa época de sua vida em que você estava feliz e entusiasmado com o que acontecia em sua volta, um dia em que se sentia incrivelmente bem ou uma ocasião em que todos o incentivavam e torciam por você, quando tinha tudo o que queria e se sentia satisfeito e feliz com sua vida. Talvez fosse no início de um novo empreendimento ou quando soube que teria um filho ou ainda quando conheceu alguém que poderia tornar-se sua alma gêmea. O mundo não parecia maravilhoso através de seus olhos naquela ocasião? Você consegue recordar a maneira como as pessoas pareciam mais gentis, bem-educadas e prestativas?

Todos nós já tivemos dias em que o mundo nos pareceu um lugar melhor. Mas apenas esquecemos que somos nós os criadores dessa realidade. Quando nos sentimos muito bem e estamos cheios de otimismo, irradiamos uma energia positiva que atrai outras energias semelhantes à nossa. Quando estamos felizes, somos tomados por uma sensação de energia, inspiração e motivação. Enxergamos possibilidades onde antes víamos apenas limitações.

Por isso, estou aqui para lhe recordar que essa sensação permanece disponível em todos os momentos porque as mudanças ocorrem dentro de nós. Se você pretende viver o melhor ano de sua vida, precisa entender que é o único detentor do poder de ser feliz. Isso quer dizer que, se deseja mais reconhecimento, respeito, amor ou compreensão, você deve cultivar esses sentimentos em seu interior. Tudo o que deseja – felicidade, sucesso, dinheiro, amor ou satisfação – vem de seu íntimo. Quando assumir o compromisso de honrar e respeitar a si mesmo, o mundo se abrirá para você.

Você talvez pense: “O que posso fazer para ficar satisfeito comigo mesmo e me sentir incrivelmente bem?”

De início, é preciso entender que, todos os dias, surgem inúmeras oportunidades de elevar sua auto-estima e seu bem-estar ou, por outro lado, abalar seu amor-próprio.

A lembrança constante de seu propósito, a fidelidade a seus sonhos, a obediência a seu plano e a manutenção da disciplina com relação a suas âncoras de integridade são ferramentas de valor inestimável que garantirão seu bem-estar.

A elaboração de metas mensuráveis, o cumprimento de suas promessas e o cultivo das qualidades que você admira são ações que constroem a auto-estima. A apreciação do que você tem e do que realizou é uma tarefa diária que fortalece o amor-próprio.

Cada uma dessas ações exerce influência direta em sua vida. Todas elas contam. Nada existe à toa. Nem mesmo as escolhas que ninguém nota, aquelas que você julga pequenas demais, passarão despercebidas, pois têm o poder e a capacidade de modificar a forma como você se sente com relação a si mesmo e, em conseqüência, com relação à vida.

Pense desta maneira: daqui a doze meses, você saberá que é digno e merecedor do melhor, compreenderá e aceitará suas imperfeições, vai todos os dias empreender ações que o aproximarão pouco a pouco de suas metas e de seus desejos e sentirá orgulho de suas realizações. Daqui a doze meses, você será a pessoa que sempre quis ser – não acha então que este será um ano sensacional?

Para vivermos o melhor ano de nossa vida, é preciso escolhermos pensamentos, comportamentos e ações que consolidem nossa auto-estima. Ao fazermos uma opção que nos permita sentir orgulho, nós teremos mais confiança para pedir a este mundo extraordinário que nos dê tudo o que merecemos.

Você quer mesmo viver o melhor ano de sua vida? Então

Faça isto:

1. Avalie com toda a honestidade os comportamentos, os hábitos e as opções mais comuns que abalam sua auto-imagem e o fazem sentir-se mal.

2. Lembre-se sempre de que o melhor ano de sua vida se baseia nos alicerces de uma sólida auto-estima.

3. Reserve algum tempo, no começo de cada dia, para refletir sobre as escolhas que faz e as atitudes que toma. Opte sempre por atitudes que elevem seu senso de dignidade e seu bem-estar.

4. Assuma o compromisso de empreender, no mínimo, três ações por dia que alimentem sua auto-estima.

NOVE

Como guardar o instante

Durante uma semana, você vive o total de 168 horas, o que equivale a mais de 10 mil minutos. Mas quantos desses instantes lhe trazem alguma experiência realmente memorável? Quantos deles são significativos o bastante para que você os recorde daqui a uma semana, dois meses ou cinco anos? Você conseguirá lembrar-se de qualquer um desses 10 mil instantes pelo resto da vida?

São momentos que em geral passam despercebidos. Estamos tão ocupados tentando sobreviver e executar nossas tarefas que não nos damos conta de que o momento, fugaz e efêmero, é tudo o que temos. Na pressa de nosso cotidiano, não damos valor às pessoas certas, esquecemos o que de fato importa e vamos avançando aos poucos, sem reconhecer nossas realizações nem desfrutar as bênçãos da vida.

Só precisamos de um único instante para que nossa realidade se altere por completo. Em um instante, podemos ser despedidos, encher nossos filhos de insegurança, contrair dívidas que levaremos anos para quitar ou cair em alguma tentação que destruirá nossa vida. Em um segundo podemos sofrer um grave acidente, perder a pessoa amada, descobrir que nosso melhor amigo está com câncer ou que nosso sócio roubou o dinheiro da empresa.

Só é preciso um segundo para que o mundo se despedace diante de nossos olhos, embora costumemos negar esse fato. É próprio do ser humano acreditar que suas posses permanecerão em seu poder indefinidamente. Negamos até o fim nossa imensa fragilidade e as incertezas da vida.

O tempo é precioso. Quando percebemos isso, ficamos conscientes da importância de guardar cada instante. O momento, embora curto, detém o potencial de se tornar memorável. Todos temos o poder de interromper o que estamos fazendo e buscar uma forma de transformar cada momento em um instante especial. Se não nos detivermos todos os dias para guardar alguns desses momentos, eles passarão por nós e desaparecerão para sempre de nossa memória e de nossa vida.

Para fazer deste ano o melhor de todos, será preciso aproveitar cada oportunidade e emprestar mais tempero aos detalhes da vida. Esses momentos especiais que nos rodeiam oscilam entre o sutil – como assistir ao nascer do sol todas as manhãs – e o extraordinário – como ajudar nosso filho a soprar a vela do bolo de seu primeiro aniversário.

Entendi a importância de guardar o instante quando conheci meu noivo, Gary. Ele vive atento para guardar o instante, para captar o lado sagrado de cada experiência, para fotografar – real ou mentalmente – aquilo que somos e o que fazemos. Gary sabe apreciar o valor de cada momento e não poupa esforços para lembrar-se deles. Uma de suas frases prediletas é: "A vida não é um filme, e sim uma série de momentos fotográficos". Onde quer que estejamos ou aconteça o que acontecer perto de nós, não importa, Gary procura sempre capturar esses "momentos fotográficos".

Tive recentemente a honra de liderar um ***workshop*** realizado a bordo de um navio de cruzeiro. Gary e eu estávamos juntos, com vários dos treinadores que instruí e muitas pessoas que participaram do evento. Foi uma ocasião incrível e produtiva.

Quando a viagem se aproximava do fim, Gary me perguntou que lembranças eu levaria daquele cruzeiro. Queria saber qual dos 10 mil instantes que compartilhamos fora realmente especial para mim. Pensei na questão por alguns minutos e me surpreendi ao perceber que mal conseguia lembrar-me de algum detalhe que fizesse daquela uma viagem especial. Os instantes que a tornaram única estavam perdidos num rodamoinho de jantares, bailes, conversas, banhos de sol e todas as coisas maravilhosas que tínhamos feito. Gary, no entanto, queria saber especificamente o que eu lembraria dali a doze meses. Qual dos momentos que vivemos juntos ficaria entranhado em minha memória para sempre?

Quando descobri que não conseguia identificar exatamente o instante que fizera daquela uma viagem tão especial, compreendi o que Gary vinha tentando ensinar-me havia mais de um ano: se eu não apurasse meu foco nem ajustasse as lentes através das quais enxergava a vida, guardando esses instantes para torná-los especiais e tirando fotografias mentais, eles se perderiam de minha memória, igualados por uma legenda inexpressiva do tipo: "Foi tudo muito bom".

Fiquei chocada ao perceber que, embora tivesse passado a semana mais divertida do ano, poucos instantes foram tão marcantes para mim a ponto de lembrá-los mesmo depois de passada toda uma década.

Enquanto me acomodava no convés, olhando para o mar, eu me dei conta das várias viagens que fizera na vida das quais não guardava nenhuma lembrança específica. Sim, eu conseguia lembrar-me do passeio feito em lombo de burro na ilha grega de Santorini, quinze anos antes, mas não recordava as pessoas que estavam comigo, os lugares que visitamos nem o que fizemos de especial.

Claro que passei por muita coisa de que me lembro com exatidão, mas foram eventos importantes que jamais esquecerei – como o nascimento de meu filho ou a publicação de meu primeiro livro. Mas o que eu finalmente compreendi, depois de todo o estímulo e apoio recebido de Gary, foi o fato de que cada dia me proporciona um momento especial. Pode ser meu filho, que me diz alguma coisa engraçada, alguém que agradece a ajuda trazida por meu trabalho ou um amigo que compartilha um café comigo enquanto observamos um belo pôr-do-sol. Pode ser até uma conversa simples com minha mãe e o abraço carinhoso que trocamos quando me despeço dela para voltar a minha casa.

No entanto, a menos que me detenha enquanto o instante está em andamento e procure guardá-lo conscientemente, é mais do que provável que eu o esqueça. Ele se perderá em um mar de milhares de outras recordações, tornando-se uma parte vaga e insignificante do passado.

Assim, meu trabalho nesse aspecto começou. Assumi o compromisso de me lembrar de alguma coisa que, naquele cruzeiro, fora de fato significativa para mim. Passei a tentar reter cada momento e dar a cada experiência um lugar legítimo em minha memória a longo prazo.

Para tanto, seria preciso destacar o evento, pensar no que o tornara tão especial e, em seguida, tirar uma foto mental dele – quem estava lá, o que aconteceu e o que eu gostaria de lembrar. Fiquei pensando nos fatos da semana e vasculhei todas as coisas que havíamos feito, buscando os momentos especiais que gostaria de chamar de meus e manter pelo resto da vida. Fiz a seguinte pergunta: "Que experiências, pessoas, lugares, jantares ou atividades noturnas tornaram esta viagem tão especial?"

Depois de pensar em todas as atividades realizadas durante aquele cruzeiro, dia a dia, percebi que havia vários momentos que eu gostaria de guardar entre minhas lembranças. Queria recordar intensamente, por exemplo, a noite em que Gary e eu ficamos sentados no convés olhando o planeta Marte – muito próximo da Terra na ocasião –, que iluminava o céu com uma forte sombra vermelha, quando um vento forte soprou, as nuvens se fecharam e a chuva começou a cair. Notei que, se não fixasse aquela noite na memória tirando uma "fotografia mental" dela, eu a perderia para sempre. Sem dúvida, no futuro, algum detalhe poderia acionar essa lembrança, mas aquele fora um momento tão especial que eu não queria correr o risco de perdê-lo. E esse foi somente um dos vários instantes memoráveis que guardei daquela viagem.

O melhor ano de sua vida nascerá da reunião de suas recordações especiais. Ao guardar o instante, alguns fatos têm lugar: primeiramente, você toma consciência de tudo o que ocorre de bom em sua vida no exato momento em que acontece. Em seguida, torna-se capaz de reconhecer pequenas coisas positivas às quais, de outro modo, você talvez não desse valor. Por fim – e creio que isso é o mais importante –, aprende que o ato de guardar o momento faz você assumir a responsabilidade pela criação dele.

Essa prática nos obriga a identificar momentos especiais e a valorizá-los. Em meu computador há um descanso de tela no qual deslizam as palavras ***Guarde este instante***. Isso porque, se eu tiver consciência e disciplina para guardar pelo menos dois instantes especiais por dia, em uma semana terei catorze – e, no fim de um ano, 728 – momentos significativos na memória, que poderei usar para provar que este foi o melhor ano de minha vida.

Percebemos que os instantes se tornam especiais quando reconhecemos que nenhum deles voltará, quando estamos profundamente cônscios da preciosidade do momento e optamos por identificá-lo e considerá-lo digno de ser lembrado. Quando, por exemplo, percorremos o mesmo trajeto de sempre, no mesmo ônibus lotado, e olhamos pela janela para tentar fugir da incômoda situação, podemos, durante alguns instantes, admirar um grupo de crianças que brincam em uma praça. Em seguida, ao olhar para o interior do coletivo, podemos observar um jovem que cede seu lugar a uma pessoa idosa, respirar fundo e guardar essa visão. Quando assumimos o compromisso de reter o instante, acabamos aprendendo a ver em nossas experiências mais comuns algumas coisas extraordinárias. Nós nos tornamos ímãs e atraímos fatos exclusivos e especiais. As lentes pelas quais enxergamos a vida mudam e nos transformam em "campeadores" do divino.

A capacidade de ver com novos olhos nos dá consciência das bênçãos que recebemos e nos ajuda a criar momentos inéditos todos os dias – e isso tudo constitui uma busca espiritual. É a arte de tornar extraordinários os momentos comuns da vida.

Você quer mesmo viver o melhor ano de sua vida? Então

Faça isto:

1. Conscientize-se de cada instante de seu dia. Quando vivenciar uma experiência que tenha significado especial, pare, respire profundamente e pense: "Vou guardar este momento".

2. Em seguida, permita-se prolongar essa experiência por mais tempo que o habitual para perceber o que existe nela de especial. Mergulhe nesse instante e o registre conscientemente antes de deslocar sua atenção para o próximo.

3. Avalie o que é necessário para procurar e guardar instantes memoráveis todos os dias. O que você deve buscar? Que parte de sua consciência precisaria ser alterada? Identifique pelo menos dois instantes por dia para guardar na memória.

DEZ

Como criar dias inesquecíveis

Do mesmo modo como a capacidade de guardar o instante é essencial na criação do melhor ano de sua vida, o planejamento de dias inesquecíveis é importante para que a existência se torne memorável e gratificante.

Para entender o valor de um dia inesquecível, basta que você pergunte a si mesmo: "O que eu faria se este fosse o último ano de minha vida? Será que continuaria a viver cada dia da mesma forma que vivi hoje? Será que faria exatamente o que estou fazendo agora?" Pare alguns instantes, interrompa a leitura e reflita sobre o seguinte: se você pudesse voltar no tempo para a semana passada, qual seria sua escolha: viveria todos os dias exatamente como foram ou faria isso de modo diferente?

A maioria das pessoas não se permite enxergar a própria vida através das lentes de uma retrospectiva como essa. Poucos entendem que não temos tanto tempo assim para viver neste planeta. Em vez disso, instintivamente negamos a morte e preferimos fingir que temos todo o tempo do mundo para fazer o que desejamos. Vivemos a ilusão de que no futuro faremos a viagem de nossos sonhos, conheceremos os lugares mais belos, leremos muitos livros, passearemos no parque com nossos filhos ou aprenderemos a dançar tango. Adiamos o que poderíamos fazer hoje para um dia que talvez nunca chegue.

Existem, logicamente, dias especiais na vida dos quais lembramos cada pormenor, do momento em que acordamos até o instante em que fomos dormir. Pode ser o dia de nosso casamento, o dia em que nosso primeiro filho nasceu, o dia em que nos formamos, o dia em que nos apaixonamos, a primeira vez que fizemos amor ou o dia em que concluímos um projeto no qual trabalhamos durante muito tempo e com muito esforço.

Mas, normalmente, não nos lembramos nem do que fizemos na semana passada, no mês passado, no ano passado. Os dias que já ficaram para trás tornam-se borrões, um verdadeiro rodamoinho. É provável que muitos já esqueçam amanhã o momento presente – a menos que o dia esteja impregnado de algum significado especial.

Por isso, hoje vou pedir a você que examine os cinco últimos anos de sua vida e verifique quantos foram os dias especiais que consegue recordar. Seja honesto. Quantos dias brotam de sua memória que poderiam ter sido comuns, mas, por causa de algum fato específico, tornaram-se especiais o bastante para ser lembrados para sempre?

Talvez você já tenha sentido muitas vezes, neste ano, a imensa satisfação de adormecer sabendo que viveu um dia inesquecível. Peço-lhe, no entanto, que procure identificar quantos desses dias foram de fato extraordinários a ponto de ser compartilhados e transmitidos a seus filhos e netos.

Feche os olhos por alguns instantes e lembre-se de uma história que seu pai e sua mãe contaram a você. Uma história sobre algum dia significativo na vida deles. O que havia nesse dia de tão especial? As histórias transmitidas e compartilhadas falam, com freqüência, sobre dias comuns em que alguém fez alguma coisa muito boa para alguém ou em que a família estava reunida e as pessoas apreciavam a companhia umas das outras. Falam também de um presente especial ou de uma troca de palavras que tocou o coração de alguém. Falam ainda de viagens ou festas que marcaram época e que as pessoas gostam de compartilhar quando recordam o passado.

O que determina então a criação de um dia inesquecível? Para que um dia maravilhoso fique gravado em nossa memória, é preciso que ele fale ao coração. Deve evocar emoções fortes e positivas, como satisfação, alegria ou uma gratidão profunda. Eventos negativos, que causam desgaste emocional, são quase sempre mais fáceis de lembrar porque trazem consigo um choque traumático em geral inesquecível. Se quisermos criar essa mesma carga para os acontecimentos positivos, precisamos ousar, sair do que é conhecido e rotineiro para nós.

Isso, normalmente, resulta de alguma ação que nos causa um leve sentimento de fragilidade, alguma coisa que ocorre fora de nossa zona de conforto. Para criarmos dias inesquecíveis, devemos nos erguer acima do comum e gerar momentos especiais por meio de atitudes especiais. Se você pensar em alguns dias memoráveis de sua vida, talvez descubra que eles carregavam certo grau de risco ou de vulnerabilidade. Planejamento e reflexão cuidadosos são também características de dias inesquecíveis. Quando ultrapassarmos os limites daquilo que é seguro e comum, poderemos criar um dia que deixe impressões indeléveis em nossa consciência.

Durante uma das sessões de treinamento que liderei, uma moça chamada Débora tomou uma decisão: queria que as três pessoas mais importantes de sua vida sentissem o grande amor e a admiração que tinha por elas. Sem dispor de muito tempo nem dinheiro, resolveu preparar um jantar para seu marido e suas filhas e, em seguida, escrever uma mensagem para cada um deles que falasse de seu amor.

Saiu e comprou flores, decidida a espalhar pétalas de rosas sobre a mesa antes de servir o jantar. Sentindo-se pouco à vontade, Débora levou algum tempo para criar o clima especial necessário, o que fez com a ajuda de música suave e de algumas velas acesas para que todos soubessem que o momento seria fora do comum. Débora sentou-se então diante de cada uma dessas três pessoas que mais amava no mundo e lhes ofereceu seu coração na forma de palavras, ações, lágrimas e abraços. Quando terminou, sabia que se lembraria daquela ocasião pelo resto da vida.

Às vezes temos idéias incríveis para cercar de amor as pessoas importantes para nós, mas sentimos vergonha de demonstrá-las. Para garantir que a lembrança de um dia dure a vida inteira, porém, devemos ir além do trivial e torná-lo memorável.

Não é preciso ter grandes somas de dinheiro para criar um dia inesquecível. Você pode decretar um sábado, por exemplo, como "O Dia da Risada", levar seus filhos a uma locadora de vídeo e alugar algumas comédias. Em seguida, juntos, vocês podem fazer pipoca, desligar as luzes, aconchegar-se no sofá e passar o dia como uma família feliz, sem fazer nada além de dar boas gargalhadas. Se tivesse vivido um dia como esse com seus pais, quando era criança, não se lembraria?

Você pode fazer como um amigo meu: estampar um anúncio em forma de coração no jornal do bairro para expressar o amor infinito que tem por seu cônjuge. Em seguida, fazer uma cesta de piquenique com um cartão e um livro de poemas e decretar "O Dia do Romance". Não conheço ninguém que não aprecie uma surpresa como essa!

Você pode também chegar com flores e uma garrafa de vinho à casa de um amigo (ou amiga) que não vê há muito tempo e criar, com tudo isso, um dia inesquecível. Pode planejar "O Dia da Família" com um churrasco dominical que reúna todos os seus parentes para rememorar as melhores histórias de cada um.

Sempre podemos arranjar uma desculpa para não tornar inesquecível o dia de hoje. Preste atenção nas justificativas que você apresenta e que o privam de muitos dias extraordinários. Você provavelmente já se ouviu dizer algumas destas frases: "Amanhã eu farei isso", "No ano que vem vou tirar férias com meus filhos", "Quando meus filhos não estiverem em casa, vou passar algum tempo a sós com meu marido (ou minha esposa)" ou minha favorita: "Vou fazer isso quando tiver mais tempo".

E se a criação de um dia "fora do calendário" se tornasse um hábito mensal? Muitas pessoas são ótimas para ajudar os outros, mas tornam-se displicentes quando é preciso transformar os próprios dias em momentos especiais. Se você for uma dessas pessoas, para criar um dia inesquecível será preciso deixar de lado sua lista de tarefas e pensar em formas possíveis de se rodear de amor. Preste atenção para ver se realmente quer abrir mão de uma alegria plena e se permitir somente alguns momentos de prazer ou se prefere abraçar essa causa e dedicar um dia inteiro a si mesmo. Analise bem e descubra se você tem dado importância à criação de seus dias inesquecíveis.

A criação de dias inesquecíveis para nós e os outros é uma tarefa fantástica e também um dever se estivermos de fato comprometidos a fazer deste o melhor ano de nossa vida.

Grande parte do prazer desses dias inesquecíveis está no fato de compartilhá-los com as pessoas que amamos. Dias que deixam uma impressão duradoura em nós e nos outros não surgem simplesmente porque o sol está brilhando e o mundo exterior parece perfeito. Eles não são conseqüência da boa sorte nem do destino. A criação de uma fartura de dias memoráveis não ocorre por acaso. Eles devem ser intencionais, planejados, criados, vividos e, só então, considerados inesquecíveis.

O prazer de viver um dia especial pode provocar uma impressão tão profunda nas pessoas a ponto de incentivá-las a prosseguir e convencer outras pessoas de que isso vale a pena. Atitudes desse tipo geram entusiasmo e afinidades. A idéia de um "efeito dominó" de amor e alegria faz parte da missão de viver o melhor ano de nossa vida.

Aguardamos quase sempre o momento certo para tornar nossos dias especiais. O que aconteceria se você parasse de esperar, aproveitasse o dia e assumisse a responsabilidade de alterar sua rotina agora mesmo? Será que a fartura de dias inesquecíveis não poderia ajudá-lo a criar com mais rapidez o melhor ano de sua vida?

Você quer mesmo viver o melhor ano de sua vida? Então

Faça isto:

1. Crie dias inesquecíveis.
2. Programe um dia inesquecível por mês. Pense no que o tornaria tão especial e ponha mãos à obra.
3. Permita-se expressar boas doses de amor a si mesmo e àqueles a quem ama.
4. Convide sua família e seus amigos para participar desses dias especiais com você.
5. Habitue-se a transformar ocasiões comuns em dias alegres e inesquecíveis.

ONZE

Faça de sua vida um exemplo

Lembro-me da época em que eu queria, desesperadamente, fazer mudanças radicais em minha vida. Durante muitos anos, tentei achar um meio de ser mais feliz, mais realizada e tranqüila. Queria ser uma pessoa fora do comum, encontrar mais sentido em minha jornada e expressar meus potenciais da melhor maneira possível.

Alguma coisa, no entanto, sempre me desviava da realização de meus desejos mais profundos, e eu acabava por repetir os mesmos padrões ano após ano. Sempre que ensaiava os primeiros passos na direção correta, algum fato me tirava da estrada do sucesso, e eu me dava conta de que novamente apelara para a auto-sabotagem. Em vez de prosperar, conseguia apenas ser mais uma "sobrevivente". Os amigos, parentes e colegas de trabalho não descobriam por que razão eu estava sempre perdida em desvios imensos que me afastavam da realização de meus sonhos.

Um dia, finalmente, percebi que não me achava merecedora de mais felicidade nem de sucesso maior do que já possuía. Tornou-se óbvio para mim que meus comportamentos sabotavam meus planos como forma de punição dos erros cometidos no passado. Por mais que me esforçasse, não estava de fato comprometida com a determinação de atingir o máximo nem de me tornar uma pessoa melhor. Por mais que tentasse, não conseguia reunir, no fundo do coração, a motivação necessária para fazer mudanças duradouras.

Certo dia, durante um momento de silêncio e reflexão, ouvi uma voz dentro de mim que disse: *"Não se torne uma pessoa melhor apenas por si própria. Faça isso por alguém, pelas pessoas que a vêem e admiram, pelas crianças que não se consideram boas. Faça isso para que os outros saibam que podem, eles também, ser pessoas melhores".*

Entendi, subitamente, uma verdade que ouvira tantas vezes antes: cada vida é importante e faz uma tremenda diferença no mundo, e cada um de nós tem a oportunidade de transformar este mundo em um lugar melhor.

Senti-me inspirada. A protelação e o conformismo que pareciam perseguir-me sempre podiam agora ser substituídos pela motivação e pelo entusiasmo de construir uma vida própria, genuinamente minha. Percebi que uma verdade oculta dentro de mim havia muito tempo agora se revelava, e entendi como dar minha contribuição ao mundo. Só precisava manifestar o melhor lado de meu ser e mostrar às pessoas, através do exemplo, que elas também seriam capazes disso. Se não podia mudar para mim mesma, pelo menos deixaria minha marca no mundo tornando-me melhor para as outras pessoas.

Se o fato de você se tornar uma versão mais evoluída de si mesmo não o entusiasmar, se a conquista da grandeza interior não o fizer pular da cama logo pela manhã, se você não se achar digno de buscar o que a vida pode oferecer de melhor, dedique este ano a alguém e faça o máximo que puder por essa pessoa. Faça isso por seus filhos, por um sobrinho ou sobrinha ou por alguém que necessite de um modelo positivo de conduta. Olhe ao redor e verá que muitas pessoas poderão beneficiar-se de seu avanço na direção da grandeza.

Escolha alguém que você ama ou alguém que talvez nem conheça, isso não importa. O importante é que as pessoas evoluam graças a seu exemplo e incentivo. Inscreva-se para prestar trabalho voluntário em creches ou asilos. Escolha uma organização, um indivíduo ou um grupo específicos e dedique o melhor ano de sua vida à tarefa de ajudá-los.

Imagine o que aconteceria se cada indivíduo que interagisse com você durante o ano pudesse perceber sua grandeza, ver a luz de seu olhar, ouvir a gratidão de sua voz e sentir seu entusiasmo total e absoluto pela vida. Acha que isso faria diferença para eles? E se esse fosse seu único propósito, a tarefa que você se propôs concluir neste ano? E se tudo o que precisasse fazer fosse viver sua vida de modo a inspirar as pessoas a sentir entusiasmo pela própria existência e elas, por sua vez, compartilhassem esse sentimento com quem estivesse ao redor?

Se você quer atingir seu potencial pleno, se deseja perseguir seus sonhos e realizá-los, o que vai ensinar às outras pessoas? Poderá mostrar a elas, logicamente, que também têm o poder de transformar os próprios sonhos em realidade e são dignas de viver sua existência da melhor maneira possível.

Talvez, quem sabe, a pessoa que você escolheu para influenciar até consiga transformar o mundo. Talvez tenha a coragem de realizar alguma coisa extraordinária na vida porque você foi um modelo de coragem para ela. Como professora, eu me surpreendo todos os dias com as pessoas próximas de mim que assumem tarefas e mudam o mundo porque percebem que, se eu posso fazer isso, elas também podem. Essa é a força da decisão de fazer de sua vida um exemplo.

Tenho vários grupos de treinadores que fazem comigo um curso avançado para viver o melhor ano de sua vida. Pedi recentemente às pessoas de um desses grupos que dessem a um ente querido um exemplo do que é possível fazer para melhorar. Kathy, moça tímida e reservada, comprometeu-se a viver o melhor ano de sua vida e defender as coisas em que acreditava pelo amor de seu filho, Andrew. Como a mãe, ele era afável e introvertido.

Certo dia, Kathy, o filho e uma amiga, Alice, almoçavam juntos quando Alice fez uma observação que Kathy achou inadequada. Algum tempo antes teria ficado em silêncio e esqueceria rapidamente o comentário. Lembrou-se, porém, de seu compromisso de melhorar por amor ao filho e decidiu responder. Disse à amiga que achava o comentário inadequado e pediu que, no futuro, guardasse suas opiniões para si mesma. Kathy sentiu orgulho de sua atitude porque impôs limites à amiga, mas não pensou no impacto que aquilo teria sobre seu filho.

Na semana seguinte, Andrew, de volta da escola, contou à mãe um fato ocorrido com ele. Todo entusias-

mado, disse como se levantara na classe e expressara sua opinião sobre uma questão importante. Assustada, Kathy perguntou:

– Por que você decidiu levantar-se e falar?

– Porque eu vi você fazer isso com a Alice – respondeu o garoto.

A partir daquele dia, Kathy teve mais cuidado com suas escolhas e atitudes, sabendo que seu modo de viver influenciava as atitudes e as escolhas de Andrew. Ela não queria mais negligenciar certas coisas nem deixar de expressar seus pontos de vista, pois assumira o compromisso de ser um exemplo para o filho.

A dedicação de sua vida e de suas escolhas diárias a um objetivo maior permite que você saia algumas vezes de seu caminho e exige a manifestação de suas melhores qualidades. O uso do sucesso em benefício de terceiros é o maior dos presentes que você pode dar – não apenas aos outros como também a si mesmo.

Aos 45 anos, Ray era um empresário destacado e influente que atingira um grau de sucesso com o qual jamais sonhara. Pouco depois de ter feito um dos maiores acordos comerciais de sua carreira, percebeu que, por mais negócios que fechasse ou dinheiro que ganhasse, o êxito, por si mesmo, não o realizava.

Nessa altura, ele fez uma descoberta importante que mudou sua existência e, em última análise, a existência de inúmeras pessoas: quanto mais contribuía para a melhora das condições de vida dos outros, mais alegria e realização experimentava. Inscreveu-se na ONG Boys and Girls Club – entidade destinada a ajudar crianças de rua – e desenvolveu um programa graças ao qual muitos jovens que não podiam pagar uma faculdade ganhariam o direito a uma bolsa de estudo se tirassem boas notas no colégio.

Ray se manteve fiel a seu propósito de ajudar as pessoas, e o que começou como um compromisso de orientar algumas crianças evoluiu para o desenvolvimento da Parceria Nacional de Orientação (National Mentoring Partnership), que hoje é um destacado movimento nacional que atua como ponte entre jovens norte-americanos carentes e muitos orientadores adultos.

Um homem que já possuía tudo o que o dinheiro pode comprar agora é dono de um dos maiores segredos da vida: a solidariedade é um presente que você não apenas dá aos outros como também a si mesmo.

Nos dias em que você não consegue fazer nada direito e não tem ânimo para tentar de novo ou se vê prestes a cometer um erro que pode sabotar seu sucesso, lembre-se do compromisso de viver o melhor ano de sua vida pelo bem de um ente querido, e não apenas pela satisfação pessoal. Isso lhe dará forças e inspiração para fazer uma escolha melhor.

Imagine como seria o mundo se cada um de nós dedicasse sua vida à solidariedade. Se compreendêssemos que as pessoas que amamos aprendem pela observação de nossos atos, talvez nos tornássemos mais conscientes do que fazemos. Se estivéssemos cientes de quanto nosso êxito ajuda as outras pessoas, quem sabe jamais diríamos: "Estou apavorado", "Estou muito ocupado" ou "Estou cansado demais".

E se, na tentativa de tornar sua existência extraordinária, você salvasse a vida de uma criança? Se pudesse, não descobriria uma maneira de fazer isso? É claro que sim! Você faria tudo o que estivesse ao seu alcance para reconciliar-se com seu passado e fazer opções que o fortalecessem, teria compaixão de si mesmo e das outras pessoas. Você faria tudo isso porque haveria uma vida em jogo. Que tal se, neste ano, você acreditar que esse é justamente seu caso?

Sei, por experiência própria, que me sinto mais feliz nas ocasiões em que leciono ou estou envolvida em um projeto maior do que eu mesma. Quando me vejo em atividade na tentativa de transformar este mundo em um lugar melhor, a determinação e a alegria permeiam cada célula de meu corpo. Essa condição vale para a maioria das pessoas.

Em 2004, durante uma semana, liderei um ***workshop*** intensivo para cinqüenta antigos alunos que se preparavam para atuar como monitores de treinamento e usei as técnicas e os procedimentos que ensino. No terceiro dia, convidei cada participante a compartilhar com os outros o compromisso que estabeleceria para sua vida como resultado do ***workshop***. Um por um, todos falaram de resultados como perder peso, obter determinado número de clientes novos, amar mais as pessoas e assim por diante.

Lá pela metade dos depoimentos, eu não agüentava mais. Fiquei cansada como se toda a energia estivesse sendo drenada de meu corpo. Não havia nenhuma vitalidade, nenhuma paixão, nem sequer o mínimo prazer naquilo que eles diziam, e eu sabia que, sem um alto grau de entusiasmo, não haveria meios pelos quais aquelas pessoas excelentes pudessem obter as dádivas extraordinárias que pretendiam dar ao mundo. Sentei-me, entristecida pelo fato de que, depois de tanto trabalho com eles durante os anos anteriores, esses treinadores ainda se limitassem aos objetivos mais egoístas.

Tenho a tendência natural de oferecer assistência para que as pessoas se transformem. Por isso, sabia que precisava tomar uma medida drástica. Interrompi o que fazíamos, separei a classe em grupos menores e pedi que, durante o intervalo para o almoço, cada grupo criasse um projeto de auxílio a alguém ou a alguma coisa que não eles próprios – um lar para idosos, um abrigo para os sem-teto ou uma instituição de caridade infantil, por exemplo. Havia poucos critérios a obedecer: o projeto deveria incentivar e envolver a todos os participantes do grupo, o trabalho deveria ser distribuído igualmente entre eles e tudo deveria estar pronto no prazo de um mês.

Após o almoço, todos voltaram sorrindo e conversando. Era possível sentir, de fato, a onda de eletricidade, de energia e de entusiasmo sem limites que eles irradiavam e que encheu a sala. Um a um, os grupos se apresentaram e expuseram o que denominamos de "projetos de férias" (já que estariam concluídos em 31 de dezembro).

Jennifer, Débora, Sarah, Laura e Sheila fundaram o Seagull Project (Projeto Gaivota), cuja missão declarada era "ajudar as mulheres a tomar consciência de sua autoconfiança, seu orgulho e sua dignidade, dando-lhes respaldo na transição para a volta ao mercado de trabalho". O orgulho e a satisfação que transbordavam delas após essa declaração de sua missão estavam em alta quando, um mês mais tarde, durante um telefonema de acompanhamento, comentaram comigo como fora fácil realizar aquela grande tarefa e como isso as aproximara de todas as pessoas que convidaram para participar e ajudá-las.

Rachel e Rochelle, cujo grupo se denominava de "As Dádivas do Amor", comprometeram-se a criar uma grande festa de comemoração de fim de ano que teria diversão, comida e presentes para as pessoas sem lar. Sua missão era proporcionar a esses indivíduos que viviam na mais absoluta pobreza algumas horas de prazer, satisfação e a sensação de ser amados, como aconteceria em uma festa familiar.

Esse grupo solicitou aos diretores do Espaço Seguro, um abrigo para mulheres e crianças vítimas da violência doméstica, que ajudassem a organizar a festa, pois seus internos também participariam da festa. Eles enviaram convites, decoraram o ambiente e levaram duas manicures, um maquiador profissional, uma fisioterapeuta (algumas das mulheres nunca haviam sequer experimentado o toque carinhoso de uma massagem), um equipamento de som com *karaokê* e muita comida italiana doada por um restaurante local.

Conseguiram uma pessoa para servir de Papai Noel que, com uma fantasia doada, distribuiria presentes para as crianças. Uma confecção local de alta-costura cedeu com muito prazer roupas que valiam centenas de dólares, e um estilista profissional passou horas montando uma butique temporária para dar, a cada uma daquelas mulheres, presentes como roupas, jóias, perfumes e maquiagem – doados por pessoas generosas que concordaram em dividir o que possuíam.

Na noite da festa, todos os presentes cantaram, fizeram orações, participaram de jogos e dançaram durante horas. Uma das convidadas, com lágrimas nos olhos, disse que aquela era a primeira vez na vida em que se sentia tão feliz.

Todos os envolvidos nesse projeto doaram seu tempo e sua energia, mas, no final do evento, estavam mais realizados do que antes. O prazer das crianças, a alegria e as lágrimas das mulheres deixaram os participantes cheios de gratidão e de amor por saber que tinham feito uma enorme diferença na vida daquelas almas belas, embora feridas.

Esses são apenas dois exemplos do que foi realizado por um grupo de pessoas comprometidas, vindas de todas as partes do mundo. Bastaram apenas a intenção de prestar solidariedade aos outros e o compromisso de dar uma contribuição sincera à vida.

Em todos os meus anos como professora, aprendi uma coisa muito importante: as pessoas adoram fazer diferença no mundo. Adoram sentir-se úteis e importantes, realizando alguma coisa para tornar este mundo um pouco melhor. As pessoas querem dar sua contribuição porque isso lhes proporciona um prazer imenso. O grande poeta Rabindranath Tagore escreveu: “Dormi e sonhei que a vida era alegria. Acordei e vi que a vida era solidariedade. Servi e compreendi que a solidariedade era alegria”.

É assim que cada um de nós pode fazer deste mundo um lugar melhor. Podemos assumir o compromisso de superar nossas emoções negativas em benefício de alguém. Podemos abandonar a sobrecarga diária que reprime nosso prazer e substituí-la por um compromisso assumido com as pessoas menos afortunadas que nós. Podemos nos tornar orientadores ou voluntários de uma organização de caridade que precise de auxílio.

Quando assumimos o compromisso de servir uma causa maior do que nós, também nos comprometemos a viver uma vida repleta de alegria e gratidão. As dádivas que recebemos quando dedicamos nossa vida ao serviço de outras pessoas não têm preço.

Você quer mesmo viver o melhor ano de sua vida? Então

Faça isto:

1. Torne sua vida um exemplo.

2. Considere o impacto que você causará na vida de muitas pessoas se sua intenção de transformar este ano no melhor de sua existência for bem-sucedida.

3. Escolha uma pessoa, um grupo ou uma organização e dedique o próximo ano ao compromisso de se tornar um exemplo motivador para aqueles que escolheu.

4. Mantenha uma foto da pessoa ou do grupo que escolheu servir em local bem visível para tê-la sempre ao alcance dos olhos.

5. Pergunte a si mesmo o que pode fazer, todos os dias, para tornar sua vida extraordinária, uma vez que sabe estar servindo de exemplo para outras pessoas.

DOZE

Como aspirar ao máximo

No mundo em que vivemos, é muito fácil ser comum. A mediocridade é o idioma do planeta e, ao que parece, a maioria das pessoas se conforma com uma existência bem abaixo do próprio potencial.

É importante perceber, no entanto, que nem sempre foi assim. Houve um tempo, no passado, em que aspirávamos ao máximo. Tínhamos um senso natural de competição e confiança. Sabíamos que poderíamos executar ou criar qualquer coisa que nos propuséssemos, pois queríamos nos destacar da multidão. Tínhamos a coragem de cantar a plenos pulmões, de demonstrar nossa capacidade. Falando de forma mais simples: acreditávamos em nós mesmos.

Se vamos fazer deste o melhor ano de nossa vida, precisamos resgatar nosso desejo inato pela excelência. Devemos reunir coragem para fazer o mais que pudermos todos os dias. Devemos enxergar a vida através de novos olhos – que vêem possibilidades onde antes nada existia, que vislumbram a grandeza e se mantêm concentrados em realizações de longo prazo em vez de buscar gratificações efêmeras.

Para criarmos uma vida mais elevada do que nossa existência atual, devemos ter a coragem de ouvir os outros com atenção, percebendo suas necessidades e preocupações. Devemos reservar algum tempo para ouvir os pedidos de nossa alma e ter fé suficiente para mudar e arriscar. Devemos abrir o coração, que antes se fechava para certas coisas, e encontrar o perdão e a compaixão por aqueles que necessitam de nosso amor.

A conquista da excelência exige de nós a coragem de desistir da existência que vivemos até agora e de partir em busca de algo totalmente desconhecido.

Para viver ao máximo, você terá de correr riscos. Terá de avançar sobre um território novo e galgar outras montanhas. Se estiver à altura da conquista de alguma coisa tão grande quanto você próprio, essa será uma experiência assustadora. Se lhe parecer uma jornada bastante segura, provavelmente você estará abaixo de seu padrão.

Para deixar sua marca neste mundo, você terá de ficar em lugares onde nunca desejou permanecer antes. E deverá ter a coragem de aspirar ao máximo. Para criar uma vida extraordinária, você precisará estar presente em todos os momentos e se doar inteiramente. Será necessário, todos os dias, dar o melhor de si e executar suas tarefas rotineiras do modo mais consciente possível.

A conquista de seu melhor ano exige que você pense por alguns instantes antes de fazer qualquer coisa – escrever uma mensagem, tomar uma decisão ou aceitar uma proposta – para certificar-se de que esse movimento refletirá de fato a melhor das opções.

Este é o ano em que você deverá aspirar ao máximo em todos os aspectos de sua vida. Diminua o ritmo se estiver muito estressado, mas tenha antes a certeza de que cada movimento seu poderá conduzi-lo na direção correta. A atitude de aspirar ao máximo é um compromisso que você deve renovar todos os dias ao abrir os olhos pela manhã. Esse compromisso o elevará acima das atitudes comuns e o fortalecerá para as ações extraordinárias. Será também indispensável que você esteja de fato presente em cada minuto de sua vida como jamais fez antes se quiser tornar seus sonhos uma realidade.

Talvez você pense que isso é difícil demais e que a dedicação total requer muito esforço. Mas eu lhe garanto: se você se encontra atolado na mediocridade, abaixo de suas capacidades, se bloqueia seus talentos ou faz opções que minam suas forças, provavelmente já está esgotado. A negação de nossa grandeza e a rejeição de nosso potencial natural é o que de fato nos cansa.

Na verdade, gastamos mais energia com uma vida inferior ao satisfatório do que com uma existência realmente estimulante. "Como?", você pode perguntar. Bem, vamos falar sobre isso: quando se apaixona pelo que faz, quando se compromete de corpo, mente e alma com a tarefa que executa no momento, você se alimenta de uma energia positiva que o revigora em vez de esgotá-lo. Todas as vezes que se esforça ao máximo, você libera bons sentimentos que lhe conferem poder e elevam seu espírito. E, quando seu espírito está elevado, você naturalmente dispõe de mais energia.

Pense na ocasião em que você se apaixonou. Sentia-se cansado e sonolento? Era capaz de passar a noite toda na companhia da pessoa amada conversando sem parar, podia dançar até o nascer do sol, cantar no chuveiro e sorrir para todos os que cruzassem seu caminho. Não era necessário nenhum esforço para manter essa energia tão intensa porque você se encontrava em um estado de espontaneidade absoluta.

Quando está cheio de energia e de entusiasmo pela vida, o mundo e todas as coisas parecem deslumbrantes. Você enxerga soluções e possibilidades. Sua vida flui, há motivação, paixão e amor. Você está em paz consigo mesmo. Quando faz opções que refletem o propósito de construir o melhor ano de sua vida, seu processo interno se modifica por inteiro e você consegue acesso a recursos que antes não estavam disponíveis. Quando planeja com empenho máximo, você fica naturalmente mais inspirado pela vida.

Por outro lado, quando faz planos pequenos, você logo fica cansado e entediado. Quando olha sua vida por um prisma limitado, não consegue ver todas as possibilidades existentes. Lembre-se do antigo provérbio: "Deus ajuda a quem se ajuda". O motivo pelo qual essa expressão tem sobrevivido à passagem do tempo é o fato de que diz a verdade! Se você ajudar a si mesmo, será recompensado. Se fizer sua parte, se evoluir o suficiente para expressar toda a grandeza que habita seu interior, o universo caminhará ao seu lado.

Mas é ***você*** que precisa dar o primeiro passo.

Quando vivemos cada dia ao máximo, nosso respeito pela existência transborda em todas as direções. Quando digo "viver cada dia ao máximo", isso não significa a urgência de executar toda a sua lista de afazeres. Você deve, isso sim, encontrar satisfação em cada momento e se apaixonar pelas tarefas que o esperam. Quando aspiramos ao máximo, dedicamos, por exemplo, toda a atenção às conversas que mantemos com nossos filhos, amigos e entes queridos. Quando saímos, procuramos andar devagar, com naturalidade, para respirar melhor o ar puro da manhã. Reconhecemos, também, que o momento presente é nossa única oportunidade de viver o dia de hoje e de nos expressar por completo.

Eis sua oportunidade de se tornar alguém melhor. Na Terra não existe ensaio geral. Assim, podemos sair e dar ao público nosso melhor desempenho – ganhando um prêmio, por assim dizer – todos os dias desta vida ou ficar apáticos, sentados, apenas desejando as coisas e imaginando as razões por que não conseguimos o que queremos. Afinal de contas, nossa vida está em nossas mãos. O que você vai fazer com a sua?

Conduzo, várias vezes por ano, um trabalho de grupo chamado "O Processo das Sombras". Na segunda noite, fazemos um exercício muito forte de liberação da raiva. Tiramos todas as cadeiras do recinto. Em seguida, cada participante escolhe um lugar para ficar e põe uma venda nos olhos para se concentrar totalmente em si mesmo. Diminuímos as luzes e tocamos música suave. Começamos respirando fundo algumas vezes e, em seguida, tocamos música de ritmo mais intenso. Todos ficam livres para gritar, xingar ou apenas sacudir os punhos no ar. A intenção é liberar a energia reprimida que bloqueia o acesso ao poder, à auto-expressão e à potencialidade de cada um.

Há, em geral, mais de 100 pessoas na sala durante esse exercício, e sempre fico surpresa ao observar as diversas maneiras pelas quais as pessoas reagem ao mesmo processo. Mesmo após uma hora de preparação, mesmo depois que os incentivo a dar tudo de si e, se for preciso, a fingir até conseguir expressar-se com espontaneidade, alguns se limitam a ficar parados, sem externar um gesto. Outros fazem tentativas modestas de descobrir suas energias e paixões. Outros ainda, aparentemente, esperam que alguém faça isso por eles, pois resistem a qualquer apoio ou auxílio que venha da equipe. E há também os indivíduos corajosos e centrados que se comprometem a fazer o que for necessário para romper as limitações que os atrapalham e não vacilam em ficar frente a frente com o poder de seu verdadeiro eu.

Os resultados sempre falam por si mesmos. Os que chegam e dão o máximo afirmam que essa foi uma das experiências mais fortes de toda a sua vida. Aqueles que nem sequer se esforçam não sentem nada. Jamais encontrei, porém, uma pessoa que, tendo chegado e dado tudo de si nesse processo, não obtivesse exatamente aquilo que buscava.

Apresentei a você esse exemplo para reforçar a afirmação de que o universo só pode nos dar o que damos a nós mesmos. Se não nos esforçarmos, mostrando-nos por completo, nem dermos tudo de nós, será impossível que o mundo nos proporcione o que desejamos. Ainda que os outros tentem agir em nosso benefício, ainda que o universo conspire para nos dar aquilo que não podemos dar a nós mesmos, não conseguiremos reconhecer esses fatos – nem mesmo se eles vierem bater à porta de nossa casa.

A responsabilidade de extrair de nosso íntimo a grandeza que ali existe é inteiramente nossa. Quando nascemos, recebemos a maravilhosa oportunidade de usufruir este mundo. Para quase todas as pessoas, a alegria se foi quando eram jovens e a luta pela sobrevivência começou. Mas agora é tempo de reconhecer que existem várias existências que cada um de nós viverá. Existem vários instantes que cada um de nós experimentará. Existem vários dias, meses e anos que cada um de nós terá à disposição. Assim, por que não escolher hoje para transformar cada instante em um momento único? Por que não atingir o máximo em tudo o que você realizar?

O que estará à sua disposição, agora e futuramente, caso passe a acordar todas as manhãs com o compromisso de atingir o máximo e viver o melhor que a vida tem para dar?

Você quer mesmo viver o melhor ano de sua vida? Então

Faça isto:

1. Aspire sempre ao máximo.

2. Busque na memória a época em que você estava apaixonado por uma causa, empenhava-se com todas as forças e aspirava ao máximo.

3. Responda: que compromissos precisa assumir hoje consigo mesmo para atingir o nível máximo de capacidade em todos os aspectos de sua vida?

Agradecimentos

Sou uma pessoa abençoada. Tenho a meu lado algumas das pessoas mais dedicadas, emotivas e talentosas que existem. Cada uma, a seu modo, me incentiva a criar, todos os dias, um ano melhor do que o anterior.

A Arielle Ford e Brian Hilliard, meus agentes e empresários, por confiarem em meu trabalho no mundo e a me impelirem, de forma adorável, a produzir mais.

A minha equipe, tão adorável, incentivadora e incansável, cujas contribuições são incontáveis. A Daniel Dorman, meu diretor e amigo incrivelmente talentoso, sem o qual não poderia viver. Você é, de fato, uma pessoa em um milhão e me sinto abençoada por tê-lo a meu lado. A Cliff Edwards e Rachel Levy pelas contribuições especiais para este livro. A Donna Lipman e Jeff Malone por seu brilhantismo, sua criatividade e devoção. A toda a equipe do Instituto de Treinamento de Integração – Angela Delayni-Hart, Anne Browning, Candy Spahr, Pam Nelson e Donna Barker – por trabalhar todos os dias nesta obra enquanto treinavam outras pessoas a fazer o mesmo. A Adam Heller, Diann Craven, Sharon Keefer, Debra Evans, Dave e Debbie Charlton e Loree Oberle-Edwards, que cederam tanto de seu tempo e de seu coração a esta obra. A Geeta Singh, do Talent Exchange, por toda a atenção e zelo.

Meus sinceros agradecimentos a Julia Aspinwall, Lizbeth Garcia e todos os que participaram de meus programas por compartilhar suas histórias, experiências, dificuldades e o sucesso excepcional. E às centenas de treinadores do Certified Integrative and Essentials (Fundamentos e Integração Registrados), que deram seu apoio a pessoas de todo o mundo para que realizassem seus mais profundos desejos, obrigada por fazer de sua vida um exemplo do que é possível.

A minha amiga muito especial, Alanis Morissette, por cantar tão alto as mensagens de sua alma e por me incentivar, de tantas formas, para que minhas mensagens chegassem ao mundo inteiro.

A Randy Thomas, que não apenas me apresentou ao homem de meus sonhos como também me mantém continuamente no maior sonho de minha vida.

A minha família, tão adorável e incentivadora, que ficou ao meu lado todo santo dia. A meu filho extraordinário, Beau, que torna minha vida um alegre país das maravilhas, a minha mãe, cujo amor eterno e capacidade de organização mantiveram minha sanidade, e a meus sobrinhos e sobrinhas fantásticos por serem exemplos vivos de pessoas que chegaram ao máximo. A minha nova família, que já me levou a um patamar mais alto de satisfação e alegria: meus enteados incrivelmente talentosos, Brandon e Stephen Ravet, meus adoráveis e carinhosos cunhados, Shirl e Manny Ravet, e ao restante da família, Deborah, Laurel, Lorey, John, Jillian, Patty, Bruce e Bryan. Vocês formam uma família sensacional e inspiradora!

A Bryan Vess, Dan Schroebel e Pamela Forelich, uma equipe de profissionais de destaque que muito contribuíram com a qualidade de minha vida neste ano. Agradeço porque me tornaram a felizarda beneficiária de seus altos padrões e de seu perfeccionismo.

A Alisha Schwartz, Allison Bechill e Caline Assilian, as jovens carinhosas que cuidaram tão bem de Beau e de mim durante este ano. O incentivo de vocês deu-me uma base sólida que me permitiu fazer o que faço no mundo. Muito obrigada. A Jeremiah Sullivan por sempre me fazer sorrir para a câmera.

E, acima de tudo, a Gideon Weil, meu novo e genial editor, cujas contribuições foram tremendas, e a Margery Muchana, Claudia Riemer Boutote, Miri Terasawa, Carl Walesa, Lisa Zuniga e toda a equipe incrível da Editora HarperSanFrancisco.

Este livro foi impresso pela Prol Gráfica
em papel *offset* 75 g.